广东金融学院学术文库
广东金融学院资助出版

信息经济学视角的会计盈余信息质量理论研究

王铁林 著

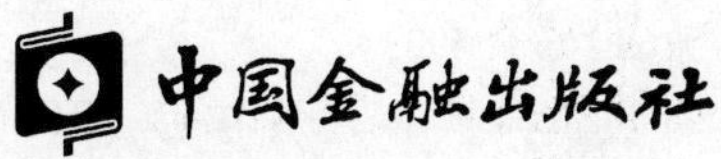

责任编辑：赵燕红
责任校对：李俊英
责任印制：尹小平

图书在版编目（CIP）数据

信息经济学视角的会计盈余信息质量理论研究（Xinxi Jingjixue Shijiao de Kuaiji Yingyu Xinxi Zhiliang Lilun Yanjiu）/王铁林著.—北京：中国金融出版社，2010.3
（广东金融学院学术文库）
ISBN 978-7-5049-5363-6

Ⅰ.①信…　Ⅱ.①王…　Ⅲ.①会计检查—研究　Ⅳ.①F231.6

中国版本图书馆 CIP 数据核字（2010）第 009193 号

出版发行　中国金融出版社
社址　北京市丰台区益泽路 2 号
市场开发部　（010）63272190，66070804（传真）
网上书店　http://www.chinafph.com
（010）63286832，63365686（传真）
读者服务部　（010）66070833，82672183
邮编　100071
经销　新华书店
印刷　北京松源印刷有限公司
装订　平阳装订厂
尺寸　160 毫米×230 毫米
印张　12.25
字数　193 千
版次　2010 年 3 月第 1 版
印次　2010 年 3 月第 1 次印刷
定价　26.00 元
ISBN 978-7-5049-5363-6/F.4923

前　言

“经济越发展，会计越重要”已成为会计界的至理名言。然而，会计是否重要，关键还要看它提供的会计信息质量。在会计信息质量低劣的情况下，会计不仅不能体现出其重要性，还可能成为经济发展的障碍。至今人们记忆犹新的世通、安然会计舞弊案以及2007年下半年以来爆发的金融危机引发的会计准则的激烈争论，等等，再次表明会计信息质量是会计的生命。但是，“会计（信息）质量概念是含糊不清的，并且经常以模模糊糊的方式加以讨论”（Penman，2003）。在一些重要的领域，如会计信息的需求、会计信息质量体系的构成、会计信息质量的评价指标、会计信息质量的影响因素等，会计团体或学者们的研究结论也是众说纷纭、莫衷一是，表现在现实经济社会中，就是不同企业间的会计信息质量良莠不齐及企业整体会计信息质量不尽如人意。因此，继续关注和深入研究会计信息质量及其评价体系，仍然具有重大的理论和现实意义。

会计盈余在衡量企业价值、计量管理报酬、纳税和利润分配等方面起着日益重要的作用。盈余信息质量是会计信息质量的重要体现，甚至可以说，盈余信息质量影响和决定会计信息质量。因此，本书拟从企业会计盈余信息质量研究文献入手，以点及面，以小见大，分析、考察学术界关于会计盈余信息质量的研究状况，并以此为基础，针对我国会计盈余信息质量影响因素、会计盈余信息供求的博弈关系、会计盈余信息的质量特征及会计盈余信息质量的评价体系进行探讨。

信息经济学（economics of information，或 information economics）诞生于20世纪50年代末60年代初，经过数十年的发展，它已经成为主流经济学的重要内容。信息经济学不断发展并成为主流经济学的过程，就是它对其他学科不断产生影响和渗透的过程。会计学研究中的会计信息需求、会计信息成本效益、会计信息市场、会计信息质量、会计盈余信息含量等课题，都是围绕信息问题而展开的，它天然地与信息经济学对接和融合。因此，信息经济学的研究成果对会计学研究产生了重大影响。本书正是基于信息经济学的理论和方法，开展会计信息质量理论的研究和探讨。

本书的导言部分重点介绍了选题意义、逻辑结构、方法体系、创新之处及尚待进一步深入研究的理论问题。在选题方面，本书立足于以下认识：（1）会计盈余信息质量的重要性和相关研究的不完善性。（2）信息经济学的主流地位及其对会计信息质量理论研究的渗透和影响。

第一章重点对国内外学者和机构基于信息经济学视角的会计盈余信息质量及其特征的研究文献进行梳理，形成如下认识：（1）信息经济学不断发展并成为主流经济学的过程，就是它对其他学科不断产生影响和渗透的过程。实证会计研究的兴起并成为会计研究主流，与信息经济学的发展是密不可分的，它是对信息经济学理论与方法吸收、借鉴、运用的结果。作为信息经济学的核心理论，委托—代理理论可以用于财务会计、管理会计和审计程序的效率特征的分析和研究（Chatfield & Vangermerch，1996），它甚至可以深入到会计研究的各个领域（Jensen，1986）；委托—代理理论是受托责任观的理论基础，也许正是因为这一点，它才能够在会计领域中与决策有用观分庭抗礼并具有广泛和持久的影响力。(2) 盈余信息是重要的会计信息。正是基于这一点，研究者们将大量的精力投入到盈余信息质量特征的研究中。(3) 无论是会计方法的选择与运用、会计估计的变动，还是交易事项的控制，最终的决定权都在管理层手中，即“会计信息本质上来源于企业组织”(王永海，2000)。其经济后果是在管理层对企业的利益相关者实施影响的过程中形成的，它并不源于会计系统本身。在该过程中，会计系统及其提供的信息不过是扮演了实施影响的工具和媒介而已。(4) 盈余管理实质上是企业管理当局追求利益最大化的一种博弈行为。盈余管理存在于企业的委托—代理关系之中。企业管理者之所以能在盈余管理上拥有较大发挥空间，重要原因在于在信息不对称环境中存在委托—代理关系。只要存在着通过博弈使企业利益相关者自身利益最大化的条件，就一定会发生盈余管理。(5) 成本效益原则决定了盈余管理存在的意义。完全消除盈余管理从理论上讲是有可能的，但在实务中并不可行，因为它要受到成本效益原则的约束。(6) 会计准则的制定与实施，旨在规范会计信息的生成过程及披露，消除或减少信息不对称及其所引起的经济后果，提供有助于决策的会计信息。Ball 等 (2003) 认为，采纳高质量的会计准则是提高会计信息质量的必要手段，但不是唯一的手段。进一步研究发现，恰恰是会计准则的某些规定和惯例，为企业管理当局进行盈余管理提供了机会，创造了条件。

第二章以信息经济学为基础，重点探讨会计盈余信息的决策与控制价值，形成以下主要内容和观点：(1) 区别私人信息与公开信息是认识信息价值的起点，由此构建的信息不对称条件下委托—代理关系模型及理论分析框架，是信息经济学理论体系的核心内容。

(2) 理性的个体根据得到的会计信息修正其对未来可能发生状态的判断，并以此为基础完成决策的过程，会计信息的价值借此得以实现；会计信息的价值在于其对决策风险的影响程度，其数量表现是基于会计信息进行决策带来的超额收益或异常收益（abnormal return)。(3) 会计信息除具有决策价值外，还具有控制价值，委托—代理模型是分析会计信息控制价值的基本框架。(4) 虽然投资者获得的会计信息是一致的，但是不同投资者由于对信息解读和认知的差异，其利用信息的方式和效率也会不同，而这种信息解读差异同样会在资产定价过程中得到反映。

第三章以信息经济学不对称信息理论为基础，展开对会计盈余信息质量内涵或本质的深入研究。通过对信息观、计量观、契约观等信息不对称条件下盈余质量研究范式的比较分析，将会计盈余信息质量的内涵描述为：经济组织基于会计理论、方法计量和提供的盈余信息对于市场信息不对称状况的缓解程度。

第四章根据我国上市公司的组织结构特征和财务行为特征，分析和探讨会计盈余信息质量的影响因素。研究表明，在我国，会计盈余信息质量的影响因素是多方面的，既有人文因素，又有制度因素，还有市场因素，充分体现了特定历史时期我国会计盈余信息质量的特色；与此相呼应，企业调节会计盈余信息质量的行为或策略也独具匠心、异彩纷呈。以此作为过渡，引出下一章盈余信息供求关系分析以及会计盈余信息质量评价体系研究的有关内容。

第五章重点考察会计供需各方的博弈行为对会计盈余信息质量的影响。基于对会计信息供需关系的历史回顾，分别对会计盈余信息的供给主体、需求主体及会计信息供需博弈关系进行了分析与考察。其基本结论是：(1) 会计环境的变化诱致了新的会计信息需求，在这一需求的拉动下，会计信息供应方式呈动态变化之势。会计信息供应方式发展、变化的动因在于不断满足会计环境变化所导致的对会计信息的新需求。(2) 会计信息供应的变迁具有渐进式特征，新的会计模式总是发端于原有的会计模式，并且是在原有模式边际上连续演变的结果。(3) 会计供应变迁的过程直观表现为会计信息范围、内容不断扩大的过程。但是，会计信息生产、披露的范围、内容也并非是一个无限扩大的过程，因为会计信息的生产及披露是需要成本的，而且，会计信息使用者对会计信息的接受和处理也有能力与时间方面的限制。(4) 从博弈论的角度看，会计信息的供需关系就是会计信息供求双方的博弈关系，它对会计信息的质量产生重要的影响。(5) 会计信息的需求者（使用者）是一个十分复杂而广泛的群体，逐一与企业管理当局（即会计信息的供应主体）缔结私人契约要求，将造成会计信息的交易成本十分高昂，而且不同企业间会计信息也具有各自的特点，这决定了需要以标准契约（standard contract）约束会计信息提供的迫切性，从而使公认会计准则（GAAP）的研究和讨论成为会计界的重要课题。(6) 在博弈各方中，经营者作为会计信息的披露者，与政府、债权人、审计师、证券市场上的投资人以及所有者之间展开的博弈的激烈程度和过程是不同的，其博弈尚缺乏一个充分均衡的过程。

第六章在上述各章研究的基础上，进一步论证了会计盈余信息质量的评价体系，提出了关于构建我国会计盈余信息质量评价体系的基本认识和思路：(1) 尽管学术界关于会计信息质量评价体系的描述还未形成共识，但基本上都将企业会计盈余信息质量的评价作为研究重点。其原因是盈余及盈余信息质量对于信息使用者的重要性。正如 Beaver（1999）所言，没有任何数字能够像盈余信息那样吸引投资者的注意力。(2) 虽然在会计理论中，会计确认基础存在由单一的应计制向应计制和现金制融合的方向发展的趋势，但其有效性仍需长期的检验。因而过分依赖某一基础，很可能导致评价结果的两极分化。如何将两种基础科学地结合起来，兼顾决策有用观与受托责任观，构建企业会计盈余信息评价体系，还有待于进一步的研究与探讨。(3) 会计信息质量特征既是会计信息质量评价的目标，又是会计盈余信息质量评价的基础。据此，会计盈余信息质量评价体系至少应包括以下内容：关于盈余信息合规性的评价，预测价值指标的评价，反馈价值指标的评价，及时性指标的评价，中立性指标的评价，反映真实性指标的评价，可核性指标的评价。

在本书的最后部分，着重对研究结论进行了总结，并就需进一步研究和探讨的问题提出了建议和展望。

王铁林

二〇〇年九月六日

目　录

导　言

第一节　本书选题的意义

从信息经济学的视角研究会计盈余信息质量理论至少包括以下背景和意义：

一、会计盈余信息质量的重要性和理论研究的不完善性

“经济越发展，会计越重要”已成为会计界的至理名言。会计是否重要，关键还要看它提供的会计信息质量的高低状况。在会计信息质量低劣的情况下，会计不仅不能体现其重要性，而且还可能成为经济发展的障碍。至今人们记忆犹新的世通、安然会计舞弊案及2007年下半年以来爆发的金融危机引发的会计争论等，再次表明会计信息质量是会计的生命。然而，会计信息质量是一个适用面非常广、内容比较模糊的概念，正如Penman（2003）所说，“会计（信息）质量概念是含糊不清的，并且经常以模模糊糊的方式加以讨论”。学术界关于会计信息质量的研究仍处在一个多角度、多层次并需进一步深入和完善的阶段。会计盈余在衡量企业价值、计量管理报酬、纳税和利润分配等方面起着日益重要的作用。盈余信息质量是会计信息质量的重要体现，甚至可以说，盈余信息质量影响和决定会计信息质量。但在一些重要的领域，如会计盈余质量的内涵、会计盈余质量的特征、会计盈余质量的评价指标体系、会计信盈余质量的影响因素等，会计团体或学者们的研究结论也常常众说纷纭、莫衷一是。表现在现实经济社会中，就是不同企业间的会计盈余信息质量良莠不齐及企业整体会计盈余信息质量不尽如人意。因此，继续关注和深入研究会计盈余信息质量及其评价体系，仍然具有重大的理论和现实意义。

二、信息经济学的主流地位及其在会计盈余信息质量研究中的应用

信息经济学诞生于20世纪50年代末60年代初，经过数十年的发展，它已逐渐成为主流经济学的重要内容。其标志是，1995年、1996年、2001年的诺贝尔经济学奖分别授予了信息经济学及其相关研究领域的8位经济学家。信息经济学不断发展并成为主流经济学的过程，就是它对其他学科不断产生影响和渗透的过程。会计学研究中的会计盈余信息需求、会计盈余信息的成本与效益、会计盈余信息质量特征、会计盈余信息含量等课题，都是围绕信息而展开的，它们天然地与信息经济学对接和融合。因此，信息经济学的研究成果将对会计盈余信息质量研究产生重大影响，表现在会计盈余信息质量理论研究过程中已经并且将更多地借鉴信息经济学的理论与方法。对此，我们结合以下相关文献及资料加以分析。

1. 信息经济学与实证会计研究的兴起。Ball和Brown（1968）的《会计收益数据的经验性评价》的发表是实证会计研究初露端倪的标志；Jensen（1975）《关于会计研究现状及会计管制的评论》及Watts和Zimmerman的系列研究成果《决定会计准则的实证理论导论》（1978）、《实证会计研究的供需：一个借口市场》（1979）和《实证会计理论》（1986）的相继问世，将实证会计研究推向西方会计研究的主流行列。我们注意到，在这些经典的会计盈余信息质量实证会计研究论文或著作中，大量地运用信号、机动、逆向选择、信息不对称、委托—代理、道德风险和激励等信息经济学的概念和方法来分析会计盈余问题，并取得了新颖和丰富的研究成果，促进了会计盈余信息质量理论研究的发展。因此，我们认为，实证会计研究的兴起并成为主流，与信息经济学的发展是密不可分的，它是对信息经济学理论与方法吸收、借鉴、运用的结果。

2. 委托—代理理论与受托责任观的基础。受托责任观，或称经管责任论（stewardship）在财务会计基本目标的探讨和研究中一直占有重要的地位。这种观点认为，会计及其提供的盈余信息的原本目标在于认定受托责任的完成情况，不理解受托责任就无法理解现代会计，受托责任理论是现

代会计的灵魂、根本和核心。[①] Ijiri（1975）认为，资源的受托者对资源的委托方负有解释、说明其经营活动及结果的义务，即会计的首要目标是计量受托者的受托业绩，明确受托者的经管责任。在委托—代理关系下，受托方承担如实向委托方报告和说明履行受托责任的过程及其结果的义务。受托责任观要能够得到明确的履行，要求有明确的委托—代理关系（刘峰，1995）。因此，我们认为，委托—代理理论是受托责任观的理论基础，也许正是因为这一点，它才能够在会计领域中与决策有用观并驾齐驱，并产生广泛和持久的影响力。

3. 信息经济学对我国会计盈余信息质量研究的影响。在中国，信息经济学是一个舶来品，信息经济学的引入与其他西方经济学思想的引入是同步的。从此，以信息经济学的理论与方法分析、研究中国的经济现象成为经济研究的主流。受其影响，我国会计学界掀起了结合信息经济学理论与方法研究会计盈余信息质量问题的热潮，产生了一批颇有创造性的研究成果。这些成果主要包括：

（1）关于会计盈余信息质量基本理论的研究。如前面提及的会计目标理论研究中的受托责任观的系列研究，就是在信息经济学委托—代理理论框架下展开的；在大量的关于会计盈余信息的质量特征如及时性、相关性等的研究文献中，我们也能感受到信息经济学另一核心理论即信息不对称理论同样被高密度地引用和论述，这足以反映信息经济学委托—代理理论及信息不对称理论对会计盈余信息质量研究的影响程度。

（2）关于会计盈余信息含量的研究，包括对信息含量的理论研究。如王化成、程小可和刘雪辉（2003），陈晓、陈小悦和刘钊（1999），赵宇龙（1998），柳木华（2003），孟焰、袁淳（2005）等学者的研究。这些成果中的结论基本上验证了中国资本市场对于会计盈余信息的反应及市场的有效性。

（3）关于盈余质量及盈余管理的研究，包括对盈余管理的动机及测度两方面的研究。如魏明海（2000），邹小芃、陈雪洁（2002），杜兴强、章永奎（2005）等的研究。这些研究尽管在观点和结论方面尚未形成共识，但在研究思路方面，体现出对现代信息经济学理论的趋同和借鉴。这从一

① 杨时展：《会计系统说三评》，载《财会通讯》，1992（6）。

个侧面反映出信息经济学特别是其委托—代理理论及信息不对称理论对于我国会计盈余研究产生的影响。

（4）对信息经济学研究方法的运用及借鉴，这表现在一些会计学者采用博弈论的方法研究分析财务会计问题。如王永海（1999）对财务会计本质的博弈分析，杜兴强（2003）以博弈方法分析会计盈余信息产权，秦永和（1998）关于博弈论对会计理论的影响的研究，单晓芳（2003）对会计市场的博弈分析，王建新（2003）对会计盈余信息市场的供求关系的分析，等等。这些探索性的研究拓宽了会计盈余信息质量研究的视野，对建立和完善会计盈余信息质量研究的方法论体系将产生长远的影响。

第二节　本书的逻辑结构

一、以会计盈余信息质量文献综述为起点

1970 年，美国芝加哥大学的 Fama 提出了著名的有效市场假说。该假说认为，在一个充满信息交流和信息竞争的社会里，一组特定的信息可以在股票市场上迅即被投资者所知晓，股票市场的竞争将随之驱使股票价格充分且及时反映该组信息，从而使投资者根据该组信息所进行的交易不存在非正常报酬，而只能赚取风险调整后的平均市场报酬率。这一领域研究的深入，推动和强化了人们对市场效率的检验与实证，会计信息含量研究日益繁荣、渐成主流。正是在这一背景下，企业会计盈余数据受到广泛关注，并被认为是最重要的会计信息。①

会计盈余在衡量企业价值、计量管理报酬、纳税和利润分配等方面起着日益重要的作用。盈余信息质量是会计信息质量的重要体现，甚至可以说，盈余信息质量影响和决定会计信息质量。因此，本书拟从企业盈余信息质量文献这个“点”入手，以点及面，以小见大，分析、考察学术界关于会计盈余信息质量的研究状况，由此展开关于会计盈余信息质量的系统研究。

---

① 张双才：《证券市场信息不对称与信息显示》，载《河北师范大学学报》，2002（1）。

二、以信息经济学理论与方法为工具

信息经济学的发展和繁荣，为我们深入研究会计盈余信息质量问题拓宽了理论视野，丰富了研究手段。从信息经济学角度来看，会计的目的在于向企业外部主要关系人（包括投资者、监管者、社会公众、雇员、主要的供应商和客户）提供对投资、信贷、监管或其他决策有用的信息。这种信息有助于提高资本、资产和其他资源的配置效率，降低交易成本；有助于形成契约上的事后解决机制（洪剑峭、李志文，2004）。信息经济学关于信息决策价值、信息控制价值、信息不对称条件下的委托—代理、信息供需博弈的研究成果及其在会计领域的应用与渗透，客观上形成了学科之间的交叉与融合。本书试图以信息经济学视角的会计盈余信息质量研究文献为基础，以信息经济学不对称信息理论为主要方法，进一步分析、探讨会计盈余信息质量的内涵及其评价体系。

三、以会计盈余信息质量特征理论研究为主线

基于对已拥有文献的整理、归纳、回顾、分析，本书以会计盈余信息质量特征理论研究为主线引出以下研究命题：

（1）会计盈余信息是重要的会计信息。对盈余信息价值特征、盈余信息质量内涵的研究，构成本书以信息经济学视角，考察会计盈余信息质量理论的基础性内容。

（2）会计盈余信息的供给主体是企业管理当局，会计盈余信息供给是其追逐会计盈余信息效益的过程。

（3）会计盈余信息质量受多种因素影响，但其本质上取决于会计盈余信息供求各方的博弈。对于信息供求及博弈主体的分析，体现出信息经济学研究方法及理论在会计领域的渗透与融合。

（4）会计盈余信息质量评价体系以其质量特征理论为基础。学术界关于盈余信息质量特征的描述呈现出多样化的特点，它表明会计盈余信息的质量特征理论尚需进一步研究和探索。

第三节 本书的方法体系

毋庸置疑，理论研究的深度和广度主要取决于研究者对已有研究成果借鉴与创新的能力。然而，研究方法的正确选择和采用，也无疑会使这些研究进展更顺利，成效更显著。“从一定意义上说，会计研究方法论是会计科学一个极为关键的组成部分”①。而且，正如葛家澍所言，“会计学界自20世纪70年代末80年代初实证会计兴起之后，方法论的争论，便硝烟四起”②。会计研究方法在会计理论研究中的重要性由此可见一斑。本书中相关研究内容的展开，得益于对研究方法的重视与选择。这些方法具有以下特点：

一、借鉴与创新的结合

吴岱明（1987）指出：“一切科学研究都是在前人或他人创造的基础上进行的，都要利用前人或他人的研究成果，都不是从零开始。如果每项研究都从零开始，那么科学就不可能发展。因此，任何研究都是以前人或他人的成果为起点。这就是科学研究的继承性。”他人或前人的研究为我们借鉴、继承、进一步的研究奠定了基础。我们应对相关文献的进行整理、分析及评价，客观地审视现有的会计盈余信息研究理论及方法，借鉴其理论精华，分析其不足与缺陷，提出新的观点和方法，推动相关理论研究的创新与发展。

二、规范研究与实证研究相结合

规范研究是长期以来会计研究的主要研究方法。有趣的是，它却是实证研究方法产生以后才出现的名词③。20世纪60年代末，西方一些会计学者将经济学、财务学中的数学模型、统计方法应用于会计现象与其他经济现象因果关系的分析，并将得出的结论称为实证会计理论，而将分析过程

---

① 周忠惠：《会计研究方法论》，成都，西南财经大学出版社，1993。

② 葛家澍：《会计理论》，北京，中国财政经济出版社，1998。

③ 卢永华：《会计科研方法论》，北京，中国金融出版社，2004。

采用的方法称为实证研究方法。在此背景下，原先已长期沿用的研究方法则被称为传统研究方法，即规范研究方法。此后，人们关于两种研究方法的争论就此起彼伏、连绵不断。本书以《信息经济学视角的会计盈余信息质量理论研究》为题，体现了对会计理论规范研究的推崇与接纳，避开了时下学术界对实证研究的追捧与狂热，但也不排斥实证方法的应用与推介（如文中多处以模型揭示理论问题，以实证方法探讨会计盈余信息质量评价问题等），希冀以内容为中心，以方法为工具，规范与实证兼容。其所以如此，是基于以下判断：尽管实证方法有助于获得规范研究方法无法获得的会计研究成果，但它无法包揽所有的会计研究课题，尤其在涉及价值问题和价值判断方面，实证研究往往显得无能为力，甚至一筹莫展；而在盈余信息含量研究（information content studies）、信息后果研究（information consequences studies）方面，实证研究就大有用武之地，且成果颇丰。

三、历史演进的动态研究方法

在科学的研究方法论中，历史变迁、历史演进的历史观始终占有重要的地位。本书关于会计盈余信息的供需关系及会计信息质量特征的研究即是从历史演进的角度而展开的。

四、比较研究方法

本书综合比较了一些主要国家或机构的会计盈余信息质量特征理论研究状况，从中总结出可以借鉴的内容，为建立我国会计盈余信息质量特征的理论体系提供参照。

五、信息经济学与会计学的融合

在本书中，围绕会计盈余信息的质量、会计盈余信息含量、信息供需各方的博弈等方面的进行的理论分析，大都是信息经济学相关理论和方法的在财务会计学领域的应用与扩展，体现了这两大学科的交叉与融合，顺应了现代学科之间相互影响、相互渗透、共谋繁荣的趋势。

第四节　本书的创新

本书在吸收、借鉴已有研究成果的基础上提出了具有创新性的观点和结论。这些创新主要体现在以下三个方面：

一、概念创新

本书对会计信息、会计盈余信息、会计盈余信息质量、会计盈余信息质量特征、盈余管理、会计准则、会计信息供求博弈等概念进行了描述和界定，在一定程度上拓宽了对会计盈余信息质量理论若干重要概念和范畴的认识视野，有助于会计信息质量理论研究的深化。

二、内容创新

在内容上，本书力图借鉴相关领域的最新文献和研究成果。在此基础上，对会计信息质量理论研究的前沿问题，如会计盈余信息的价值计量、会计盈余信息供求的博弈分析、不对称信息理论下的会计盈余信息质量内涵、会计盈余信息质量评价体系的建立等，进行了系统的分析和论证，提出了一些新颖的理论观点和研究思路。

三、研究视角创新

在众多制约和影响会计信息质量的因素和内容中，本书一方面集中以盈余信息及其质量因素为切入点，由点及面，展开会计信息质量理论的研究；另一方面，将信息经济学的诸多研究成果应用于会计盈余信息质量理论的研究，亦体现出一定的探索性质和特色。

第五节　本书的不足与需要进一步研究的问题

理论研究是一个长期、复杂、细致的系统工程。由于时间的限制、理论素养的不足、文献资料的欠缺，本书可能还存在这样或那样的问题，需要通过进一步的研究来改进或弥补。概括起来，以下几个方面值得今后继续关注和探讨。

一、关于文献

本书以信息经济学视角的会计盈余信息质量方面的研究文献为切入点，引申到对会计信息质量理论的深层次问题的研究，如会计盈余信息质量的内涵、特征、评价等的研究和探讨。凭借对已掌握的、有限的会计盈余信息质量文献的借鉴与研究，去辐射和涵盖全部会计信息质量理论的概念体系和理论要点，就会显出文献方面的某些狭窄和欠缺。显然，进一步的研究和探讨，应从相关文献的拓宽和深化方面入手。

二、关于论点与内容

书中的不同章节提出的一些理论观点和认识在学术界尚有争论，虽具一定创新之意，但毕竟是在本人所掌握的有限文献及现有的研究水准基础上形成的，因此，难免会存在以偏赅全、论证乏力的状况。要改变和避免这种状况，就应在今后的研究中注重理论素养的积累，并加大实证会计研究的力度，逐步实现论点与论据的完美统一。

三、关于信息经济学与会计盈余信息质量理论研究的融合

以信息经济学的理论与方法分析和论述会计盈余信息质量问题，构成了本书的重要内容。笔者注意到，信息经济学所涉及的理论和思想堪称博大精深，它与会计学的交叉与融合是多方面、多层次的。本书能够涉及的内容，如会计盈余信息价值的测度、会计盈余信息质量的内涵、会计盈余信息供求的博弈等，只是这一领域的最基础的部分，远未达到应有的广度和深度。笔者相信，此领域中的若干重大课题，将会引起更多学者的关注，共同推动相关研究的逐步深入。

第一章　基于信息经济学视角的会计盈余信息质量研究文献综述

信息经济学以信息不对称及委托—代理理论为核心，以博弈论为工具对一系列社会经济问题的研究，取得了丰硕的研究成果，奠定了在经济学领域的主流地位。信息经济学的发展对会计盈余信息质量理论研究产生了深远的影响，这些影响有助于我们从更广的角度、更深的层次审视和探讨会计盈余信息质量问题。

第一节　信息经济学对会计盈余信息质量研究的影响

信息经济学不断发展并成为主流经济学的过程，就是它对其他学科不断产生影响和渗透的过程。会计学研究中的会计信息成本、会计信息市场、会计信息质量、会计信息含量等，都是围绕信息而展开的，它天然地具有与信息经济学对接、融合的“共同语言”。因此，信息经济学的研究成果将对会计学研究产生重大影响，表现在会计盈余信息质量理论研究越来越多地借鉴信息经济学的理论与方法。

一、信息经济学与实证会计研究的兴起

《会计与经济学杂志》（JAE）的主编 Watts 和 Zimmerman（1979）在该刊创刊号的导言中写道，该杂志只发表最高质量的稿件，即利用经济学（包括企业理论、公共选择、代理理论等）来解释经济现象。① 由此可见，他们对于运用公共选择、代理理论等信息经济学理论与方法研究经济现象的论文十分敏感与重视，认为这样的研究才是高质量的。

Ball 和 Brown（1968）的《会计收益数据的经验性评价》的发表是实

① 杨阳：《经济学对管理会计的借鉴与启示》，载《山西财经大学学报》，2006（5）。

证会计研究初露端倪的标志，Jensen（1975）《关于会计研究现状及会计管制的评论》及 Watts 和 Zimmerman 的系列研究成果《决定会计准则的实证理论导论》（1978）、《实证会计研究的供需：一个借口市场》（1979）和《实证会计理论》（1986）的相继问世，将实证会计研究推向西方会计研究的主流行列。我们注意到，在这些经典的实证会计研究论文或著作中，大量地运用信号、机动、逆向选择、信息不对称、委托—代理、道德风险和激励等信息经济学的概念和方法来分析会计及会计盈余问题，并取得了新颖和丰富的研究成果，促进了会计研究的发展。因此，我们认为，实证会计研究的兴起并成为主流，与信息经济学的发展是密不可分的，它是对信息经济学理论与方法吸收、借鉴、运用的结果。

二、委托—代理理论与会计研究领域的拓展

信息经济学的核心是委托—代理理论。委托—代理理论基于两方面的假设，即委托人对随机的产出没有直接的贡献，代理人的行为不易直接被委托人所观察。在这两个假设下，委托人需要一种控制系统来使代理人按委托人的目标来行事。该控制系统有以下三个方面的内容：（1）决策权的分配，即由谁来作出决策。（2）业绩计量与评价，即向谁报告以及报告何种信息。（3）奖励与惩罚，即收集到信息与代理人报酬之间的关系的处置，由此形成的契约或合约都是以信息为基础的。而财务会计正是对这种信息的生产、收集、加工、整理及传播。因此，委托—代理理论可以用于财务会计特征的分析和研究（Chatfield & Vangermerch，1996），它甚至可以深入到会计研究的各个领域（Jensen，1986）。其中，最有发展潜力的领域有：（1）关于会计盈余信息成本的分析与研究。传统会计以信息无成本或忽略信息导致的成本差异为假定条件，而在信息经济学理论框架下，任何信息都有其特定的成本。代理人与委托人的信息成本具有明显差异，会计信息为两种不同性质的目标服务：用于优化委托人或代理人将采用的决策环境进行事前评估，即修正信息；用于评估决策执行的结果，以便在委托人和代理人之间按照契约的规定来分享上述成果，即业绩评价。（2）对会计理论与实践出现偏差的原因提供合理的诠释。会计从理论研究到实践应用都处于现代企业的各种委托—代理关系之中，如董事会与经营者的委托—代理关系，企业管理当局与会计部门之间的委托—代理关系，股东与

董事会之间的委托—代理关系，股东与审计机构之间的委托—代理关系，等等。这种多层次的复杂的委托—代理关系决定着会计理论与实践产生偏离的可能性与原因：委托人与代理人各自的利益及目标不同，所承担的风险各异，一方在追求效用最大化时，会损害另一方效用最大化；在契约的不完备及信息不对称条件下，会计实践的变化难以预料，会计法规、会计准则的制定或修订经常存在一定程度的滞后性，代理人可以利用在会计信息上的优势和契约的缺口，选择自身效用最大化的经济交易的会计程序及会计方法，从而影响会计盈余信息质量。

三、委托—代理理论与受托责任观的基础

受托责任观或称经管责任论在财务会计基本目标及会计盈余信息质量的探讨和研究中一直占有重要的地位。这种观点认为，会计的原本目标在于认定受托责任的完成情况，不理解受托责任就无法理解现代会计。受托责任理论是现代会计的灵魂、根本和核心。[①] Ijiri（1975）认为，资源的受托者对资源的委托方负有解释、说明其经营活动及结果的义务，即会计的首要目标是计量受托者的受托业绩，明确受托者的经管责任。从受托责任观的上述观点中，我们可以看出，委托—代理关系是受托责任观研究会计目标及会计盈余信息质量特征的前提。在委托—代理关系下，受托方承担如实向委托方报告和说明履行受托责任的过程及其结果的义务。受托责任观要能够得到明确的履行，要求有明确的委托—代理关系（刘峰，1995）。因此，我们认为，委托—代理理论是受托责任观的理论基础，也许正是因为这一点，它才能够在会计领域中与决策有用观分庭抗礼并具有广泛和持久的影响力。

四、信息经济学对我国会计盈余信息质量研究的影响

在中国，信息经济学是一个舶来品，信息经济学的引入与其他西方经济学思想的引入几乎同步。以信息经济学的理论与方法分析、研究中国的经济现象已经成为经济研究的主流。受其影响，我国会计学界掀起了结合信息经济学理论与方法研究会计及会计盈余信息质量问题的热潮，产生了

① 杨时展：《会计系统说三评》，载《财会通讯》，1992（6）。

一批颇有创造性的研究成果。这些成果主要包括：

（1）关于会计基本理论的研究。如上文提及的会计目标理论研究中的受托责任观的系列研究，都是在信息经济学委托—代理理论框架下展开的。在大量的关于会计盈余信息的质量特征如及时性、相关性等的研究文献中，我们也能感受到信息不对称理论同样被高密度地引用和论述，足以反映信息经济学委托—代理理论及信息不对称理论对会计盈余信息质量研究的影响程度。

（2）关于会计盈余信息含量的研究，包括对信息含量的理论研究。如王化成、程小可和刘雪辉（2003），陈晓、陈小悦和刘钊（1999），赵宇龙（1998），柳木华（2003），孟焰、张秀梅（2006）等学者的研究。这些成果中的结论基本上验证了中国资本市场对于会计盈余信息的反应及市场的有效性。

（3）关于盈余信息质量及盈余管理的研究，它包括对盈余管理的动机及测度两方面的研究。如魏明海（2000），邹小芃、陈雪洁（2002），杜兴强、章永奎（2005）等的研究。这些研究尽管在观点和结论方面尚未形成共识，但在研究思路方面，体现出对现代信息经济学理论的趋同和借鉴，从一个侧面反映出信息经济学特别是其委托—代理理论及信息不对称理论对于我国会计盈余信息质量研究产生的影响。

（4）对信息经济学相关方法的运用及借鉴，这表现在一些会计学者采用博弈论的方法研究分析财务会计问题。如王永海（1999）对财务会计本质的博弈分析，杜兴强（2003）对契约及会计盈余信息产权的博弈分析，秦永和（1998）关于博弈论对会计理论的影响的分析，单晓芳（2003）对会计市场的分析，王建新（2002）对会计盈余信息供求的博弈分析，等等。这些探索性的研究拓宽了会计盈余信息质量研究的视野，对建立和完善会计盈余信息质量研究的方法论体系将产生长远的影响。

第二节　基于信息经济学视角的会计盈余信息质量研究综述

上述分析表明，学术界基于信息经济学视角对会计盈余信息质量的研究，实际上是围绕会计盈余信息如何解决信息不对称及委托—代理框架下受托责任评价及投资决策问题而进行的。其中的热点领域是：（1）盈余与股价的关系，如 Ball 和 Brown（1968）的研究。（2）盈余数据与破产预测的研究（Altman，1987）。（3）盈余及时性与信息含量的研究（Chambers & Penman，1986）。（4）盈余预测的研究（Ball & Watts）。（5）盈余管理的研究（Healy，1999；Jones，1998）等。这些研究虽然有时以会计信息为主题，但其立足点大多以关注会计盈余信息为主。

一、关于盈余与盈余信息

盈余（earnings）的概念产生于长期占据会计理论统治地位的经济收益观（economic income perspective）之理论缺陷凸显之后。传统的观点认为，会计信息具有反映历史经济收益（income 或 return）的作用，但对即时的经济收益如何定义和衡量，这一理论却无法给出明确的答案，更没有指出收益信息对市场的影响（魏明海，2000）。会计信息观（informational perspective）正是在这一背景下产生的。在该理论体系中，会计收益被称为“盈余”且具有新的内涵：公司股票价格已经反映公司的盈余信息，市场对股票的定价是有效的；投资者可以根据披露盈余和预期盈余的偏离及时调整股票价格。基于上述两个原因，企业管理当局希望通过盈余管理来影响盈余信息。

Beaver（1998）将会计盈余与市场的作用机理分解为三个相互联系的过程：（1）未来会计盈余（future earnings）与现行会计盈余链（current earnings chain）。他认为，会计盈余信息是最主要的会计信息，当期公布的盈余信息直接影响信息使用者对未来盈余的判断，现行会计盈余是对本期经营成果的反映。由于各种不确定性的存在，人们无法确切地知道未来将发生什么事项及其概率分布，因此，只有依赖历史资料预测未来。盈余信息虽然是历史成果的反映，但它构成了预见公司未来发展前景的基本素材。（2）未来股利（future dividents）与未来会计盈余链（future earnings chain）。影响公司未来股利的因素很多，未来会计盈余则是其中十分重要的因素。甚至可以认为，未来会计盈余是未来股利支付能力的指示器（秦江萍，2006）。这里隐含的假设是，未来会计盈余与未来股利是通过一个不随时间变化而变化的股利支付比率联结起来的，虽然未来股利与公司采用的股利支付政策密相关，但未来会计盈余与未来股利之间的相关性也是毋庸置疑的。(3) 股票价格与未来股利链。未来股利与股票价格之间通常以股票计价模型联结在一起。一家公司的股票价格是由其未来的现金流量（即股利）的现值来确定的。

Beaver 的研究使人们加深了对盈余及盈余信息的认识，推动了信息观的发展。现行盈余信息能够影响未来会计盈余，未来会计盈余与未来股利相联系，而未来股利又与股票价格相联系，进而使现行盈余信息与股票价格建立了紧密的联系。由此，在信息观下，对会计信息与股票价格之间的供需所进行的验证都是围绕着会计信息特别是盈余信息的发布或变动在何种程度上会导致股价也发生同方向变动而展开的。

二、关于盈余质量

盈余质量（quality of earnings）是相对于盈余数量（quantity of earnings）而言的一个研究术语。20 世纪 60 年代以前，对盈余信息的研究特别是实证研究，大多侧重于盈余数量方面。其主要原因大致有以下几个方面：(1) 基于早期证券市场的基本状况，大量的财务分析都是针对盈余信息的总括指标进行的，对盈余的可实现能力、结构性、持久性、及时性等具有质量特征的信息需求并不充分。(2) 会计信息披露以传统会计报表（即资产负债表、收益表、财务状况表）为主，以收付制为基础的现金流量表尚处于萌芽状态或探索阶段，客观上限制了对盈余质量的分析和研究。(3) 公司对于盈余信息的操纵或管理行为既不多见，又不复杂，盈余信息具有较高的可信度。因此，尽管盈余质量的概念形成于 20 世纪 30 年代，即在传统收益确定模式确定之后盈余质量观念就形成了，但盈余质量问题得到广泛重视及逐步深入的研究，还是在 20 世纪 60 年代、70 年代以后，此时也正是会计信息决策有用观得到普遍认同并将之作为会计目标的时候。

关于盈余质量的定义，学术界尚无统一的界定和描述。我们将代表性的观点列示、分析如下：

盈余质量分析的开创者之一 O'Glove 在其投资咨询报告"Quality of Earnings"中将盈余持续性作为盈余质量的主要问题进行了探索性的研究，随后一些会计学者对此进行了补充和拓展。

Green (1999) 把盈余质量定义为盈余能力与产生现金流量能力的关

联程度，证明了盈余质量对现金流量披露的价值相关性产生影响。

2002 年，在由美国会计学会（AAA）主办的关于盈余质量的研讨会上，盈余质量被定义为“随着时间流逝，由应计制所确认的收益数额与公司流入的现金数额的弥合程度”（inversely related to the amount of time elapsed between revenue or income recognition and cash collection）。简而言之，盈余质量是指会计收益转化为现金流入能力的高低程度。

Mikhail、Walther 和 Willis（2001）则从美国财务会计准则委员会（Financial Accounting Standards Board，FASB）的财务会计概念框架出发，将盈余质量定义为当前盈余预测未来现金流量的能力高低。

储一昀、王安武（2000）从会计盈余与经营现金流量联系的角度，考察了中国上市公司的盈余质量问题。他们认为，盈余质量反映盈余的确认是否同时伴随相应的现金流入，只有伴随现金流入的盈余才具有较高质量，具体表现为以应计制为基础计算的有关盈余指标数值与以现金制为基础计算的有关盈余指标数值的差异程度。这一差异越小，盈余信息质量就越高。

王化成、程小可、刘雪辉（2003）将盈余质量定义为盈余信息的投资决策相关性，即依据当期或历史盈余信息预测公司未来现金流的能力，并认为，盈余质量的研究范畴应包括四个主要内容：（1）基于现金流的盈余信息质量研究，即盈余信息的可靠性、相关性研究。（2）对盈余信息的结构研究。（3）对盈余的持久性研究。（4）对盈余信息的及时性研究。

值得注意的是，盈余的结构性、持久性与及时性是盈余预测公司未来现金能力的表征特征，因此，关于这些特征对盈余质量影响的研究通常是结合第一层次即基于现金流的盈余信息质量研究而进行的。

三、会计盈余持续性及其影响

会计界对于盈余持续性（persistence）（亦称持久性）的研究呈现出多视角、多方位的特点。

Lipe（1990）将盈余的持续性定义为当期会计盈余的未预期变动在未来各会计期间还会重复发生的可能性，未预期盈余的持续性越强，公司的盈余质量越好。他认为，可持续性俘获的是当期盈余创新（不管盈余创新的大小和符号）能成为盈余序列的永久部分的程度，因此可用盈余的自相关系数计量盈余的持续性。Kormendi 和 Lipe（1987），Easton 和 Zmijewski（1989），Collins 和 Kothari（1989）等把股票收益对盈余水平或变化大小的回归斜率系数解释为盈余持续性。Choi（1995）将持续性定义为当前盈余在将来持续或增长的可能性，Jonas 和 Blanche 认为盈余持续性是预测价值的首要特征。

Ramkrishnan（1991）认为，盈余的持久性应根据盈余的不同种类加以区别分析，会计盈余的不同组成部分具有不同的持续性。由此，将会计盈余按其持续性分为三类：（1）永久性会计盈余（permanent earnings）。此类会计盈余预期会持续到公司的未来会计年度，即当年获得的会计盈余在以后的会计年度还会产生相同数额的会计盈余，如公司的主营业务利润。（2）暂时性会计盈余（transitory earnings）。其仅止于当前会计年度，在以后会计年度不会再发生，该盈余一般产生于一次性交易，如固定资产的处置损益等。（3）非价格盈余（price irrelevant earnings）。它是由会计政策变更引起的，既不会影响当前年度的会计盈余，也不影响以后年度的盈余，它所产生的盈余变动仅仅是账面变化。

Ramkrishnan 的上述研究结论与 Kormendi 和 Lipe（1987）的一项研究相呼应，即非预期的会计盈余的持续性越强，相应的盈余质量就越高。永久性的会计盈余代表着公司未来持久的获利能力，盈余中永久性盈余的比例越大，则盈余的质量越好。从盈余的时间序列角度考虑，盈余的持续性是指导致当前会计盈余变动的事件或交易能够影响未来盈余的时间长短及稳定程度。比如，在某一年，公司所引进的新产品成功上市，那么，一般认为由这种新产品所带来的盈余具有良好的持续性。相反，公司出售原材料或固定资产所获得的盈余则无持续性可言。但是，寻找永久性盈余的代理变量却是一个难题。实践中，研究者通常以主营业务利润作为永久性盈余的替代变量。然而，如果主营业务利润受到了人为的操纵，其持续性则值得怀疑。

Ramkrishnan 和 Thomas 在另一项研究中指出，不同的盈余构成要素具有不同的持续性，处于不同行业的公司可能表现出不同的盈余持续性。对于高风险行业来说，尽管这些公司的报告盈余可能很精确，但是公司报告盈余的持续性或者说预测价值还是会较低。因此，对盈余持续性进行度量时应注意行业的影响。

美国注册会计师协会（AICPA，1994）建议按照持续性标准划分盈余的不同组成部分，把企业财务报表的内容按核心和非核心活动与事项（core and noncore activities or events）重新加以组合，突出核心项目，而重点是从净收益中划分出核心盈余（core earnings）和非核心收益与财务成本（noncore incomes and financing costs）。所谓核心盈余是一个公司核心活动与事项（经常的或持续发生的活动、交易和事项）所产生的盈余，一般指持续经营下发生的经营收益。而非核心收益与财务成本是指非核心活动与事项（非常的或偶尔发生的活动、交易或事项，如不再经营的事业，未来预期不会再发生的大笔交易，罕见的自然灾害的影响，独一无二的公司的固定资产的销售，会计原则变更的影响等）所发生的收益和成本。区分这两类盈余是为了使投资者更准确地预测一个企业的未来盈余并对企业发展前景作出较可靠的决策。

上述文献显示，盈余持久性与盈余质量之间具有典型的相关性。因此，对于盈余持续性的计量亦随之成为一个重要的研究课题。目前，较为成熟的计量方法是采用时间序列模型（ARIMA）对盈余持久性进行计量。

Easton 和 Zmijewski（1991）采用低阶时间序列模型 ARIMA（1，0，0）对盈余的持久性进行了计量。Lipe 和 Kormendi（1994）采用了高阶的 ARIMA（4，1，0）模型对盈余质量进行了度量。

Baginski、Lorek、Willimger 和 Branson（1999）为了分析以上两类模型的度量差异，把公司规模、产品类型、准入壁垒和资本集中度作为盈余持续性的经济决定因素，考察了由上述模型计算的盈余质量的持续性，通过比较回归模型的调整后的判定系数（$AdjR^2$），发现采取高阶 ARIMA 模型明显优于低阶模型。

一般而言，只要获得了年度会计盈余数据，就可以通过自回归求出模型的拟合度 R^2。R^2 越大，年度间的会计盈余相关性便越强，盈余质量也就越高。但值得注意的是：其一，会计标准变化频繁导致盈余数据在年度间缺乏可比性；其二，通过这种方法假定盈余质量在各年度保持不变，那么，R^2 只能计量若干年内企业的平均盈余质量，而不能对特定年份内的盈余质量进行评价。

对此，毛宏安（2006）建议做以下改进：（1）通过年度盈余数据的自回归求出某一年度的回归残差，并以回归残差的大小作为计量盈余质量。

（2）直接分析特定年度内会计盈余的永久性盈余和暂时性盈余的比例。当期会计盈余中的永久性成分越多，盈余质量也就越高。

赵宇龙（1998）、王志台（2000）采用公司的主营业务利润作为永久性盈余的表征变量，以主营业务利润比重（主营业务利润/利润总额）作为会计盈余持续性衡量的标准，对我国上市公司的会计盈余质量进行了研究。对上海证券市场会计盈余持续性的经验研究发现，市场并没有区别对待不同质量的会计盈余，还不能从会计利润中辨别出永久盈余和暂时盈余的不同经济意义，表明中国股市存在“功能锁定”现象。①

魏刚（1998）从盈余的持久性与企业的股利政策的相关性的角度，探讨了盈余持久性的度量问题。他认为，企业在考虑股利支付水平时，必须对持久盈余作出反应。持久盈余是现在和未来盈余的近似现值。由于企业追求的目标是企业价值最大化，或者说股东价值最大化，它会尽量避免其股价的不利变化，因此企业对稳定股利的偏好胜过对不稳定股利的偏好。对于追求价值最大化的企业来说，它将试图维持完全稳定的股利支付路径，以使各期的股利相等。在这种情况下，股利等于持久盈余。所以，企业是根据持久盈余而不是当期盈余来决定股利支付水平的。当当期盈余高于持久盈余时，它们倾向于将其差额留存下来；当当期盈余低于持久盈余时，它们往往会动用以往的留存利润。

四、会计盈余的信息含量研究

（一）盈余信息含量的研究现状

会计盈余的信息含量（information content）的概念来自对会计信息作用的长期争论及对盈余信息价值相关性研究的不断深入。它通常被认为是会计信息特别是盈余信息的市场效应。对会计信息市场效应的实证研究被称为信息含量研究（杜兴强、章永奎，2005）。信息含量研究主要采用事件研究法（event studies），其理论基础是有效市场假说，即在假定资本市场有效的条件下，检验股票价格对盈余等会计信息的反应程度，进而判断

① 作为与有效市场假说（EMH）相对应的一种学说，功能锁定假说（FFH）认为投资者在决策过程中往往锁定于某种特定的表面信息，不能充分理解和利用有关信息来评估证券价值从而作出正确的投资决策。

盈余信息在资本市场中的作用和对投资者的价值相关性。

王化成、程小可和刘雪辉（2003）基于 Holthausen 和 Watts（2001）的研究，将信息含量与信息的价值相关性进行了区分：信息含量是指盈余或其他会计信息对股价或其他经济变量的解释力与预测价值，因此，它在事件研究或预测研究中较为合适；价值相关性是指会计信息与公司或其他经济组织价值之间的关联程度，它比信息含量的概念更宽泛。

在成熟的资本市场，研究历史或当期盈余对股票收益的影响是建立在市场有效的基础上的，即当会计盈余信息传递给市场时，通常会引起投资者“信念”的改变，并影响投资决策及投资收益。

Ball 和 Brown（1968）首次发现盈余变动方向与股价变动方向的显著相关性，成为实证会计理论的奠基之作。他们通过对在纽约证券交易所上市的 261 家公司 1946 年至 1965 年年度会计盈余披露前 12 个月到后 6 个月的股价进行经验研究，发现盈余变动的符号与股票非正常报酬率的符号之间存在显著的相关性，从而成为自资本市场形成以来，人们第一次发现盈余会计信息具有信息含量的系统性证据。

Beaver（1968）选择了 1961 年至 1965 年 145 家公司作为样本，将盈余公告期间的交易量与非盈余公告期间的交易量进行了对比分析。结果表明，盈余信息公告当周的成交量高出其他时期成交量的 33% 以上，会计盈余公告当周的非正常报酬率的方差是前后各 8 周的相应方差的平均值的 1.67 倍。该项研究结果表明，会计盈余公告有明显的信息含量。

Beaver、Clarke 和 Wright（1979）通过将 276 家公司 1965 年至 1974 年的数据分成 25 个投资组合，考察各组合会计盈余变动与股价变动的数量关系，发现盈余变动的百分比和股价变动的百分比具有显著的正相关关系。

Penman 和 Zhang（1999）对会计稳健主义、盈余质量和股票回报进行了实证研究，发现对投资（包括存货、固定资产上的投入）的稳健会计处理导致了当期会计盈余偏低，这被认为是为未来所做的一种“储蓄”，从而降低了当期盈余对未来盈余的预测能力。因此，稳健原则对盈余质量产生负面影响。他们还发现，股票市场似乎并没有恰当地对这种较低的盈余质量定价，从而验证了股票市场的“功能锁定”假设。

Chan、Jegadeesh 和 Lakonishok（2001）对盈余质量与股票回报的关系进行了实证研究。以应计利润作为盈余质量的计量指标，他们发现盈余质量同股票的未来回报存在显著负相关关系。其后的经验研究证明，应计利润影响未来股票回报同盈余操纵、投资者对公司未来成长的判断偏差以及对公司状况变化反应不足存在显著关系。

Mikhail、Walther 和 Willis（2001）对与盈余质量相联系的股利变化的市场反应进行了实证研究。他们认为，由于会计盈余和公司股利政策都包含了未来现金流量的信息，因此，当盈余质量较高时，股利政策相对于会计盈余而言，其所包含的未来现金流量的信息含量相对遭到削弱，盈余质量的增加将导致市场对股利增加的反应程度变小。他们将盈余质量定义为当前会计盈余同未来经营现金流量的关联程度，发现在对股利变化、信息环境、投资机会集合等因素进行控制后，市场对与高质量相联系的股利增加反应较小，表明市场在一定程度上能够区分盈余质量的高低。

Francis、Lafond、Olsson 和 Schipper（2002）对盈余质量的市场定价进行了深入的研究。他们分别以 John 模型和 Dechow—Dichev 模型计量的可控应计利润作为盈余质量的表征变量，研究发现盈余质量同公司债券等级、债务成本存在负相关关系，而同市盈率、公司权益 β 系数存在正的相关关系。

近年来，我国学者对盈余信息含量问题也十分关注，并结合我国的市场情况进行了一系列颇有成效的研究。

李玲、陈任武（2004）对上市公司盈余预测信息披露的动因、质量与监管进行的研究，表明盈余信息有助于投资者作出合理的经济决策，是极为有用的会计信息。

赵宇龙（1998）采用事件研究方法，通过对上海证券市场数据的研究，发现意外盈余与股票超额回报之间存在显著正相关。该研究首先在规范会计理论的基础上，提出了如果年度会计盈余信息披露能向证券市场传递有用信息，则会计盈余变动与股价变动之间具有统计学意义上的显著相关性的研究假设。

陈晓、陈小悦、刘钊（1999）发现公告日期内股票的超额回报与意外盈余正相关。他们认为，在一个有效的市场里，所有历史信息均已反映在股票价格中。因此，如果会计盈余确有信息含量，就会引发投资者对股票未来盈余和回报的预期作出调整，对其作出迅速无偏的反应。盈余数字具有不可替代的作用，其有用性并不因中国会计准则、股市监管方法和力度与发达国家相比存在一定的差距而消失。陈晓、陈淑燕（2001）在另一项研究中，从交易量反应的视角检验了盈余公告的信息含量，发现在盈余公告期内存在超常交易量反应。

柳木华（2003）从基本面分析出发，从财务报告中选取8个指标作为盈余质量的信号，发现在加入盈余质量信息指标后，报酬—盈余模型的解释力有所提高，盈余质量高的会计盈余反应系数也大。此外，他还发现盈余质量对未来盈余具有显著的预测力。总体上，中国的资本市场能够识别会计盈余的质量，并作出理性的反应。

（二）基于盈余反应系数的盈余信息含量研究

1. 盈余反应系数（earnings response coefficient，ERC）的概念。盈余反应系数是指单位盈余的边际回报效应，用以度量公司盈余信息的市场认可程度。它衡量某一证券的超额市场回报相对于该证券发行公司报告的盈余中的非预期因素的反应程度。其大小等于盈余—报酬模型中非预期盈余的回归系数。

简言之，ERC是总体上比较公司盈余质量在年度之间变动情况的一项计量指标。

2. 盈余反应系数的影响因素。现有的研究表明，决定和影响ERC的因素主要包括公司的风险水平、盈余的持久性及财务结构等，如表1－1所示。

表1－1　　影响会计盈余质量的因素

影响会计盈余质量的因素	实证研究文献	影响力	ERC值	市场反应
公司的风险水平β	Easton & Zmijewski（1989） Collins & Kothari（1989）	高	小	弱
会计盈余的持续性	Kormendi & Lipe（1987）	强	大	强
公司的成长性	Collins & Kothari（1989）	高	大	强
公司财务结构	Lev & Thiagarajan（1993）	合理	大	强

3. 关于盈余反应系数研究的理论基础。会计学者在对会计盈余信息含量的研究中，通常采用回归分析法（Linear Regression Analysis，LRA）来检验盈余对股票超常收益的影响程度，其中盈余变量的回归系数即盈余反

应系数被用来度量盈余质量。① 此种观点是基于市场反应来对上市公司盈余质量进行分析，其影响力日渐深远。

在20世纪60年代和70年代，绝大多数关于会计盈余数据信息含量的实证研究都是假设所有公司在盈余与股票报酬率的关系上是同质的，即不考虑盈余反应系数在横截面上的差异性。这一假设并不符合证券市场的现实情况。事实上，不同公司报告的非预期盈余的市场反应程度并不一致。对其原因及对ERC的探讨成为实证会计研究的一个重要方向。

ERC研究的理论框架是以公司估价模型为基础的，更进一步讲，是以现金流量折现模型作为研究的基点。由于盈余质量对当期盈余与未来股利联系的紧密程度产生影响，因此市场将会对质量更高的盈余作出更为强烈的反应。其表现是，ERC伴随盈余质量的上升而上升。另外，如果某事件（如会计准则变更）导致ERC提高，则该事件也会导致会计盈余质量的提高。因此，以ERC作为盈余质量的计量标准有一定的理论基础。这方面的研究体现在Swaminathan（1991），Pincus（1991），Teoh和Wong（1993）等人的学术成果之中。Narayanan（1985），Verrecchia（1986），Dye（1988）及Hirshleifer（1993）等认为，在财务报表使用者为理性预期及管理者目的被完全知晓的假设条件下，盈余偏误不会影响盈余与股价的关联程度，但是该假设条件不符合会计制度，而且在现实情况下也不存在。因此，Lang和Lundholn（1993）认为，如果盈余与股价的关联程度偏低，只可能说明一点，那就是盈余数据的质量较低。

当然，由于ERC反映的是未预期盈余同股票报酬的关联程度，因此，通过ERC度量的盈余质量只是未预期盈余的质量，而不是会计盈余本身。如果市场能够正确识别未预期盈余的质量，那么，当未预期盈余的质量越高时（假定未预期盈余为正），表明会计盈余向市场传递企业未来“好”的消息更为可靠，股票价格就越可能向高位移动，从而引起股票的超额回报上升，盈余反应系数也就越大。

4. 关于盈余反应系数计量的评价。盈余反应系数方面的研究，为考察盈余信息的质量特征提供了新的视角与方法。但也应该看到，它尚存在某

① 王化成（2000）认为，ERC不仅适合关联研究，也适合事件研究，不仅适合线性模型也适合非线性模型下的盈余争论的分析。

些不足与缺陷。

Collies 和 Salatka（1993）认为盈余反应系数 ERC 是盈余质量的一个代理变量，他们比较了在美国财务会计概念框架 SFAC No. 8 和 SFAC No. 52 要求下的报告盈余的质量。在执行 SFAC No. 52 之前，美国的跨国公司被要求按照 SFAC No. 8 报告外币业务交易的盈余或损失。许多人相信按照 SFAC No. 8 报告的盈余信息噪声大，因此对 SFAC No. 8 进行了充分的修改而形成了 SFAC No. 52。Collies 和 Salatka 认为，按照 SFAC No. 8，跨国公司的平均 ERC 小于非跨国公司的 ERC，但是按照 SFAC No. 52 并未发现两者明显的差异。从执行 SFAC No. 8 转变到执行 SFAC No. 52 的期间，两类公司的 ERC 都增加了，跨国公司 ERC 的增加稍大一些。然而结论并不是决定性的，因为 ERC 的增加可能是宏观经济因素作用的结果。

Lev（1989）的研究表明，盈余与股票收益的相关程度并没有预期的高，美国市场的典型的盈余—收益率模型的判别系数 R^2 通常在 2% ~5%，很少超过 10%。他指出，造成 R^2 较低的原因有三个：一是现阶段研究方法和技术的限制，但不是主要的原因；二是投资者的非理性，但这种非理性是从属的、偶然的、暂时的；三是会计盈余信息本身的缺陷，即由于会计程序和方法的可选择性，公司经营管理水平的不同，以及管理人员对盈余蓄意操纵等，导致会计盈余信息具有质量上的差异。Lev 和 Thiagarajan（1993）验证了这一推测。他们从公司基本面分析的角度研究发现，如果增加反映公司盈余质量的变量指标，能将盈余对股票超额收益率的解释力提高 70% 左右。

Feltham 和 Ohlson（1995）在剩余收益定价模型的基础上假定剩余收益和其他信息遵循特定的一阶自回归过程，把公司股票的内在价值表示为股票账面值、剩余收益和其他信息的线性组合。他们还证明了公司股票内在价值与股票账面值、剩余收益和其他信息之间的线性关系，将股票价值与股东权益和未来收益联系起来，提出了剩余收益定价模型，从而确立了会计账面价值和股票内在价值的直接联系，率先在这一领域做出了开创性的工作。Kojiota（2001）对日本证券市场进行了检验。其研究表明，通过附加信息可以提高 Ohlson 模型的解释力。

上述文献表明，通过 ERC 度量盈余质量存在两个缺点：一是由于 ERC 是通过样本回归求出的结果，因此无法计算单只股票在特定年份的 ERC，这不便于在公司间作出横向比较；二是除了盈余质量外，其他因素也将对 ERC 产生影响，结果导致采取 ERC 评价盈余质量存在噪音。

另外，关于盈余反应系数的研究是从市场反应角度对盈余质量进行度量，但是仅将市场反应作为盈余质量的代理变量无法确定盈余信息何时真正传达到市场。如果市场在盈余宣布之前就从其他渠道获得了信息，那么即使公司按照会计准则报告盈余，并且管理层也尽力使盈余代表公司真正的经济情况，也可能会出现盈余宣布时市场对此没有反应的结果。

（三）亏损上市公司会计盈余价值相关性研究

上述文献基本上是对公司盈利条件下会计盈余信息含量的研究。还有一些学者另辟蹊径，对亏损公司会计盈余信息含量进行了深入的研究，揭示了亏损公司会计盈余信息含量与盈利公司的差异。

Hayn（1995）将样本公司分为盈利公司样本与亏损公司样本分别考察会计盈余的价值相关性，发现亏损公司会计盈余与股票收益之间的相关关系弱于盈利公司，其原因是亏损公司会计盈余具有暂时性的特点。

Jan 和 Ou（1995）的研究认为，会计盈余与股票价格的相关关系在盈利与亏损样本中存在异方差，亏损公司会计盈余与股票价格之间存在稳定的负相关关系，亏损公司的亏损额越高，其对应的股票价格也越高。

Collins、Pincus 和 Xie（1999）首先采用简单盈余资本化模型得出了与 Hayn 及 Jan 和 Ou 相似的结论。他们将净资产账面价值作为自变量加入回归模型，发现原模型中亏损公司会计盈余与股票价格之间稳定的负相关关系转为正相关关系，同时净资产账面价值具有很强的解释力。

孟焰、袁淳（2005）对 1998 ~2003 年度的 5 705 个研究样本中亏损公司会计盈余价值相关性的特性进行了实证分析，发现亏损公司会计盈余价值相关性要明显弱于盈利公司，同时也发现净资产变量的价值相关性同样偏弱，决定亏损公司股票价格的主要因素在于亏损公司发生卖壳行为的可能性。

值得注意的是，虽然一些研究证实了会计盈余数据的信息含量，但在新兴的中国证券市场，会计盈余作为评价企业获利能力的重要指标，却很难为证券投资决策提供更为有效的信息支持（陈晓、唐安平，2005），因为在我国目前的业绩报告制度和环境下，会计盈余仅仅反映盈余的数量水平，尚难以反映盈余的质量。因此，关于盈余信息含量的研究亟待进一步加强与深化。

五、会计盈余信息的波动性质量特征研究

（一）盈余的平滑与波动

盈余的平滑（smooth）是指在一定时间内，会计盈余具有较小的波动或变动。盈余的波动性（fluctuant）指的是各期间盈余变动程度，它是与盈余的平滑相对而言的概念。Goel 和 Thakor（2000）对盈余平滑的解释是，公司管理者为降低各期间盈余的变异，针对于企业的长期经济盈余趋势，对财务报表盈余所做的盈余平稳化行为，当期盈余偏高时调低财务报表盈余数据，当期盈余偏低时则调高，因而降低各期间盈余数据的波动。由于平滑有时与高质量盈余相联系，评估盈余的一个方法就是，检验收益平滑是因为经营模式和报告环境没有变动，还是管理者作了盈余管理（earnings management）。例如，Leuz（2003）评估了两种平滑干预方式：盈余的标准差与经营现金流量的标准差之间的比率，应计项目的变化与现金流量变化之间的关系。这种思路是用现金流量的变化捕捉未被管理的盈余序列中创新部分，平滑计量的极端值表明为了应付经济冲击采用应计项目手段从序列中消除了多少盈余变动。Leuz 等（2003）认为，由管理者干预造成的噪音导致平滑过的盈余披露信息减少。

关于盈余平滑的目的，Arthur Levitt 认为，管理者平滑盈余是因为他们相信投资者喜欢平稳增加的盈余。管理者为了减少时间序列上盈余的波动性和增加可预测性，也许会将暂时盈余放入收入序列，从可持续性的角度来讲这会降低盈余质量。我们将结合下面的内容，对盈余平滑的动机或目的作进一步的分析。

（二）盈余平稳的计量模型

1. 盈余变异系数。Eckel（1981）使用盈余变异系数（earnings variance coefficient）及销售收入变异系数法（sales variance coefficient）的比较作为衡量盈余平稳的指标，其实证结果显示盈余变异系数均显著大于销货收入变异系数，表示一些公司具有盈余平稳化的企图，但仅 3% 的样本公司取得成功。Ashari 和 Koh（1994）采用 Eckel 设计的衡量盈余平稳的指标考察，发现收益率较低的公司、处于高风险性产业的公司更倾向于从事盈余平稳化。

2. 现金流量变异率（cashflow variance coefficient）。Chaney 和 Lewis（1998）采用现金流量的变异数除以盈余的变异数来衡量企业从事盈余平稳化的程度。其衡量平稳指标为

$$VR_i = \frac{Var(CF_{it})}{Var(NI_{it})}$$

式中：VR 为变异比率；

CF 为来自营运活动的现金流量；

NI 为会计盈余指标。

当现金流量的变异数大于盈余变异数时，变异比率大于 1，表示企业存在平稳盈余的行为。反之，若现金流量的变异数小于或等于盈余变异数时，表示该公司为非平稳化公司。

Chaney 和 Lewis（1998）用此方法探讨新上市公司盈余平稳化与长期绩效表现的关系，发现两者呈现显著正向关系，即长期绩效表现良好的新上市公司，其盈余的变异数会小于现金流量的变异数。而且，大多数新上市公司会使用可控应计项目来从事盈余平稳行为。Leuz 等（2003）认为，上述使盈余平稳化的人为操纵，将降低盈余的质量。而 Hand（1990）、Hunt 等（1996）和 Sankar（2001）等证明，管理者进行盈余平稳化，会使盈余与股价的关联程度增加，从而提高盈余的质量，即盈余的波动性越低，盈余质量越高。

应该注意的是，在应计基础下，盈余的计量与现金无关。当企业盈余变动程度原本就异于现金流量变动程度时，上述方法将难以有效辨识。因此，从盈余管理的角度考察盈余质量就显得十分必要。①

六、盈余管理与盈余信息质量的关联研究

（一）关于盈余管理的概念

Scott（1999）在其所著的《财务会计理论》一书中认为，盈余管理是会计政策的选择具有经济后果的一种具体表现。他认为，只要企业的管理

① 盈余管理同盈余质量是有区别的。盈余管理行为是导致盈余质量低下的一个重要原因，但并不是唯一的原因。事实上，公司风险、行业竞争、公司管理能力、会计师职业判断水平以及公司掌控社会资源的能力等公司特质方面的原因都将对盈余质量产生严重影响。

人员具有选择不同会计政策的自由，他们一定会选择使其效用最大化或使企业的市场价值最大化的会计政策，这就是盈余管理。Schiper（1989）认为盈余管理是为了获得某种私人利益（而并非仅仅为了中立地处理经营活动），对外部财务报告进行有目的的干预。Hedy 和 Wahlen（1999）对盈余管理作出这样的解释：当管理者在编制财务报告和组合经济交易时，运用判断改变财务报告，从而误导一些利益相关者对公司根本经济收益的理解，或者影响根据报告中会计数据形成的契约结果，盈余管理就产生了。

Davison 在其所著的《会计：商业语言》中，在讨论“会计戏法”（accounting magic）问题时，给盈余管理下了一个较具体而相对狭义的定义：在公认会计原则（GAAP）限制的范围内，为了把报告盈利调整到满意水平而采取有计划行动步骤的过程。

Goel 和 Thakor（2000）指出，盈余管理是管理者为达到某些目的对财务报表盈余数据的操纵，致使其未能正确反映公司实际的经济盈余状况。Hyaly 和 Wahlen（2000）从盈余管理的策略的角度对盈余管理的定义如下：“盈余管理发生在管理当局运用职业判断编制财务报告和通过规划交易以变更财务报告时，旨在误导那些以公司的经济业绩为基础的利益关系人的决策或影响那些以会计报告为基础的契约的后果。”

陈建岐（2000）认为，盈余管理是指当企业有选择会计政策的自由时，选择使其效用最大化或使企业的市场价值最大化的一种行为。顾兆峰（2000）分析了广义和狭义的盈余管理的含义后认为，广义的盈余管理不仅包括对损益表中盈余数字的控制，还包括对资产负债表以及财务报告中其他如附注等辅助信息的管理。魏明海（2000）在从经济收益观和信息观两个角度分析盈余管理的概念后认为，从信息观角度来看待盈余管理更有意义。盈余管理的信息观假定公司经理拥有私人信息。在既定的委托—代理契约下，公司经理不仅可以就会计程序作出选择，而且还可据此程序作出不同的估计。因此，盈余管理是企业管理当局为了误导其他会计信息使用者对企业经营业绩的理解，在编制财务报告和“构造”交易事件以改变财务报告时作出判断和会计选择的过程。姚婕（2001）认为，盈余管理是管理当局对自身利益或企业利益最大化的一种追求行为。邹小芃、陈雪洁（2002）认为，盈余管理是指企业管理者为了公司价值的最大化，迫于相关利益集团对其达到盈利预期的压力，在公认会计原则的约束下选择最有利的会计政策，或控制应计项目（discretionary accruals），使报告盈余达到预期水准。①

上述关于盈余管理的定义和描述，表达了盈余管理的如下特点：

1. 盈余管理的动机是诱导利益关系人的决策或影响契约的后果。从企业利益关系人的角度上看，企业业绩主要影响企业所有者、潜在投资者和债权人所作出的投资决策，如企业所有者对企业管理者的报酬决策及税务部门的税收决策。可能的盈余管理动机有筹资动机，管理报酬动机，避税动机和公司形象动机等。在这些动机中，由于筹资资格涉及上市公司的根本利益，因而出于筹资动机的盈余管理问题表现得最明显。筹资动机可以进一步分为上市动机、配股动机和避免退市动机。

2. 盈余管理的途径主要有职业判断和规划交易。所以选择这样的途径，是因为它具有较低的难度。从编制现金流量的间接法可知，利润由两部分构成：经营性净现金流量和各种应收应付项目。其中的各种应收应付项目根据受到操纵的程度不同在会计科目上可进一步分为可操纵性应计利润会计科目和不可操纵性应计利润会计科目。由于调整经营性净现金流量和不可操纵性应计利润的难度较大，而可操纵性应计利润会计科目的会计核算多涉及职业判断，操纵难度相对较小，因而盈余管理主要利用职业判断和规划交易，对可操纵性应计利润进行调整和变更。大量文献中的盈余管理案例多发生于以下一些涉及职业判断的会计事项中：计提资产减值准备，计提折旧，费用资本化，成本分摊和存货计价，投资收益核算的会计方法选择等。

3. 盈余管理的主体是企业的管理当局。企业管理当局，无论是董事会、总经理还是高级管理人员，他们作为企业信息的加工者和披露者，有权力选择会计政策和方法，有权力变更会计估计，有权力安排交易发生的时间和方式等。而信息的不对称和信息披露的不完全为他们进行盈余管理提供了条件。正如王永海（2000）所述，从本质上讲，财务会计信息来源于企业组织（管理当局是其执行者），并根据其理性选择，使会计预期收益最大化。因此，盈余管理的主体是企业组织，它是通过企业组织的财务

---

① 类似的盈余管理概念尚有很多，体现的是不同的角度，如盈余管理的动机、手段、方式等。

行为实施或完成的。

4. 在盈余管理的过程中，企业管理当局是有目的、有意地选择对自身有利的会计政策或交易安排，即管理当局是有意图的。

5. 管理当局进行盈余管理的目的在于获得自身利益。虽然盈余管理的直接结果是使得一些利益相关者对企业的经济收益产生误解，但其最终目的是使得自身利益最大化。

（二）盈余管理的计量模型

对盈余管理的计量，是西方会计研究特别是实证研究的一个重要课题。其研究方法主要是可控应计项目（discretionary accruals，DA）测度法[①]，它利用可控制应计利润来测度企业的盈余管理程度。在这种方法下，盈余可分为已经实现现金流入的部分即经营活动产生的现金净流量（cash from operations，CFO）及按权责发生制原则确认的、未实现现金流入的应计利润总和（total accruals，TA）。后者又可按其可控程度分为可控应计部分（DA）及非可控应计部分（nondiscretionary accruals，NDA）。其数学表达式为

$$TA = Earnings - CFO, DA = TA - NDA$$

由于 Earnings、CFO 可以从企业的财务报告中读取，因此，对盈余管理的计量就演变成对 NDA 的计量。关于盈余管理的各种计量模型都是围绕 NDA 的计量展开的。不同计量模型的差别在于分离应计利润的方法及其假设条件的不同。

Healy（1985）以总应计项目衡量盈余管理，但忽略了应计项目中不可操纵的部分；DeAngelo（1986）则以应计项目的变动来衡量盈余管理，但该方法无法控制经济情况改变对不可操纵性应计项目的影响。因此，Jones（1991）、Dechow（1995）和 Sloan（1996）等都倾向于以可控应计项目作为盈余管理的代理变量，而 Dechow 和 Dichev（2002），Hribar 和 Collins（2002），Fairfield、Whisenant 和 Yohn（2003）则认为，会计盈余中现金流量比应计项目具有更高的信息含量，并以应计项目与经营现金的比值来判断盈余质量，该比值越高表示盈余质量越低。因此，总的来说，盈余中应

---

① 盈余管理的其他计量方法有特定应计项目测度法，如 Teoh（1998）、Beaver（1989）的研究；盈利数据发布区间测度法，如 Degeorge（1999）的研究。

计项目特别是可控应计项目越少，经营性现金流量越多，则盈余质量越高。

1. 希利模型（Healy Model）。希利模型基于以下假设：（1）企业各年的非可控应计利润是稳定的。（2）估计期企业各年的可控应计利润遵循随机游走的特点，即从长期来看，估计期各年的可控应计利润代数和为0。它是建立在总应计项目的变化之上的应计项目判断和估计的一种间接方法。其数学表达式为

$$NDA_t = \frac{(\sum_t TA_t)}{T}$$

式中：$TA_t = (NDA_t + DA_t) = NDA_t + DA_t = NDA_t = T \times NDA_t$；

NDA_t 为 t 年非可控应计利润；

TA_t 为 t 年的总体应计利润；

t 为事件期年份；

$t = 1, 2, \cdots, T$，T 为估计期的年数。

由于企业各年非可控应计利润是稳定的，因而事件期非可控应计利润等于估计期各年非可控应计利润。

2. 迪安吉洛模型（DeAngelo Model）。该模型假设：企业事件期前一年度的总体应计利润为事件期的非可控应计利润。其数学表达式为

$$\frac{NDA_t}{A_{t-1}} = \frac{TA_{t-1}}{A_{t-1}}$$

式中：NDA_t 为 t 年非可控应计利润；

TA_{t-1} 为 $t-1$ 年总体应计利润；

t 为事件期年份。

可以看出，迪安吉洛模型是希利模型的特例。

3. 琼斯模型（Jones Model）。希利模型和迪安吉洛模型以未被操纵的应计项目在各期不变为假设条件，这显然不符合现实情况。对此，Jones（1991）、Dechow（1995）等学者进行了补充、修正及扩展，推动了盈余管理计量方法研究的丰富与发展。

Jones（1991）考察了企业规模扩大对非可控应计利润的影响。研究发现，如果企业营业收入和固定资产保持稳定，则非可控应计利润也是稳定

的。企业营业收入的增加和固定资产规模的扩大，将使相应的应收应付项目及其折旧额等应计利润项目随之增加。营业收入和固定资产规模成为非可控应计利润的变量，其函数关系为

$$\frac{NDA_t}{TA_{t-1}} = \alpha_1\left(\frac{1}{TA_{t-1}}\right) + \alpha_2\left(\frac{\Delta REV_t}{TA_{t-1}}\right) + \alpha_3\left(\frac{PPE_t}{TA_{t-1}}\right)$$

式中：NDA_t 为 t 年的非可控应计利润；

A_{t-1} 为 $t-1$ 年的总体资产；

ΔREV_t 为 t 年的主营业务收入与 $t-1$ 年的主营业务收入之差；

PPE_t 为 t 年的固定资产原值；

t 为事件近期年份。

α_1、α_2、α_3 由以下模型在估计期回归得出：

$$\frac{TA_t}{TA_{t-1}} = \alpha_1\left(\frac{1}{TA_{t-1}}\right) + \alpha_2\left(\frac{\Delta REV_t}{TA_{t-1}}\right) + \alpha_3\left(\frac{PPE_t}{TA_{t-1}}\right) + \xi_t$$

式中：TA_t 为 t 年的总体应计利润；

t 为估计期年份；

ξ_t 为残差，即以总资产衡量的 t 年可控应计利润。

4. 修正的琼斯模型（The Modified Jones Model）。基于 Jones 模型在计量可控应计利润时未考虑盈余管理对主营业务收入的影响，Dechow、Sloan 和 Sweeney（1995）将商业信用导致的销售收入增加额部分（即应收账款增加额）视为盈余管理的结果，对 Jones 模型进行如下改进：

$$\frac{NDA_t}{TA_{t-1}} = \alpha_1\left(\frac{1}{TA_{t-1}}\right) + \alpha_2\left(\frac{\Delta REV_t - REC_t}{TA_{t-1}}\right) + \alpha_3\left(\frac{PPE_t}{TA_{t-1}}\right)$$

式中：ΔREC_t 为 t 年的应收账款净额与 $t-1$ 年的应收账款净额之差。

α_1、α_2、α_3 由以下模型在估计期回归得出：

$$\frac{TA_t}{TA_{t-1}} = \alpha_1\left(\frac{1}{TA_{t-1}}\right) + \alpha_2\left(\frac{\Delta REV_t - REC_t}{TA_{t-1}}\right) + \alpha_3\left(\frac{PPE_t}{TA_{t-1}}\right) + \xi_t$$

5. 陆建桥模型。修正后的 Jones 模型也并非完美，它忽视了无形资产和其他长期资产对非可控应计利润的影响，对非可控应计利润的估计将会存在较大偏差。为此，陆建桥（1999）又对 Jones 模型进一步扩展：

$$\frac{NDA_t}{TA_{t-1}} = \alpha_1\left(\frac{1}{TA_{t-1}}\right) + \alpha_2\left(\frac{\Delta REV_t - REC_t}{TA_{t-1}}\right) + \alpha_3\left(\frac{PPE_t}{TA_{t-1}}\right) + \alpha_4\left(\frac{IA_t}{TA_{t-1}}\right)$$

式中：IA_t 为 t 年的无形资产和其他长期资产。

6. Kang 和 Sivaramakrishnan 模型。Kang 和 Sivaramakrishnan（1995）认为，Jones 模型及修正后 Jones 模型虽然已利用营业收益及赊销收益控制经济情况的变动，但仍未控制销售成本及其他费用对非可控应计项目的影响，可能会出现遗漏变量的问题，而且用来预测非可控应计项目的自变量与盈余管理间并不独立，亦即其间存在互为内生的联立问题，此皆将使得系数及误差的估计出现偏误。因此，对 Jones 模型及修正后 Jones 模型可作如下扩展与修正：

$$\frac{ACCBAL_{i,t}}{TA_{i,t-1}} = \phi_0 + \phi_1 \frac{REV_{i,t}}{TA_{i,t-1}} \frac{ART_{i,t-1}}{REV_{i,t-1}} + \phi_2 \frac{EXP_{i,t}}{TA_{i,t-1}} \frac{OCAL_{i,t-1}}{EXP_{i,t-1}} + \phi_3 \frac{GPPE_{i,t}}{TA_{i,t-1}} \frac{DEP_{i,t-1}}{GPPE_{i,t-1}} + \nu_{i,t}$$

式中：$ACCBAL$ = 流动资产 - 现金及约当现金 - 流动负债 - 折旧及摊销 - 递延所得税 + 应付所得税；

TA 为资产总额；

REV 为营业收入；

ART = 应收账款及票据 - 递延所得税；

EXP = 折旧后费用 = 营业收入 - 营业净利 - 折旧；

$OCAL$ = 流动资产 - 应收账款及票据 - 现金 - 流动负债 - 递延所得税 + 应付所得税；

$GPPE$ 为长期资产（机器、厂房及设备等）；

DEP 为长期资产折旧及无形资产摊销。

此模型在营业收入之外，同时考虑销售成本及其他营运费用的影响，有效降低了变量遗漏的可能性。

在上面的介绍中，我们可以看到，不同计量模型依据的假设条件不同，体现出的应计利润的分离方法也不同。

Healy 以总应计项目衡量盈余管理，但忽略了应计项目中不可操纵的部分；DeAngelo 则以应计项目的变动来衡量盈余管理，但该方法无法控制经济情况改变对不可操纵性应计项目的影响。因此，Jones、Dechow 及 Sloan 等都倾向于以可控应计项目作为盈余管理的代理变量；而 Dechow、Dichev、Hribar 和 Collins（2002）与 Fairfield、Whisenant 和 Yohn（2003）

则认为，会计盈余中现金流量比应计项目具有更高的信息含量，并以应计项目与经营现金的比值来判断盈余质量，该比值越高表示盈余质量越低。因此，总的来说，盈余中应计项目特别是可控应计项目越少，经营性现金流量越多，则盈余质量越高。

Dechow、Sloan 和 Sweeney（1995）在其论文《探测盈余管理》（*Detecting Earnings Managemnet*）中，以 1950～1991 年间 1 000 个随机公司和 1 000个盈余操纵程度已知的公司为样本，对上述模型进行了比较研究。其实证结果表明，各种模型都能成功探测盈余操纵，修正的琼斯模型效果最佳，迪安吉洛模型效果最差。

Chaney、Jeter 和 Levvis（1995）将各种模型产生的可控应计利润、非可控应计利润和非可控盈利等盈利部分与股票报酬进行了回归。回归结果表明，各种模型都能够准确区分可按应计利润与非可控应计利润；公司操纵盈余的动机是向证券市场传递公司的长期价值，而非机会主义动机。

Guay、Kothari 和 Watts（1996）的研究是建立在对盈余管理的三种假设之上的：（1）机会主义假设。企业管理层操纵盈余的目的是基于机会主义的，管理者利用可控应计利润掩盖拙劣的经营业绩。（2）业绩计量假设。管理者利用可控应计利润是为了更好地计量企业经营业绩。（3）噪音假设。可控应计利润在盈利中纯粹是噪音，既达不到机会主义目的，也达不到业绩计量目的。他们认为，在机会主义假设下，可控应计利润与股票报酬负相关；在业绩计量假设下，可控应计利润与股票报酬或者正相关或者负相关；在噪音假设下，可控应计利润与股票报酬无关。在三种假设下，非可控应计利润始终和股票报酬相关，且相关性一致。于是他们把各种模型产生的可控应计利润、非可控应计利润同股票报酬回归，如果满足上述条件，则说明模型区分可控与非可控应计利润是成功的，否则模型就是失败的；同时，回归结果也能证明盈余管理的三种假设是否正确。实证结果表明，只有琼斯模型和修正的琼斯模型能对可控应计利润提供可靠估计，盈余管理的噪音假设是错误的。但其并未表明盈余管理是基于机会主义还是业绩计量，或者是两者兼而有之。

Healy（1996）认为，Guay 等的研究基于市场强势有效的假设，且样本选择量太少，其模型是否能够成功区分可控、非可控应计利润，能否探测盈余操纵，尚需进一步探讨与验证。

Thomas 和 Zhang（2000）则更进一步证实 Kang 和 Sivaramakrishnan 模型的绩效表现显著优于 Jones 模型及修正后 Jones 模型。

Bartov、Gulcurd 和 Tsui（1998）从可控应计利润和审计意见的关系入手，开辟了一条新的评价途径。他们认为，在有效审计市场上，注册会计师应能审计出企业的盈余操纵情况，因此企业盈余操纵程度越厉害，被出具保留意见的可能性就越大。而可控应计利润代表了盈余操纵的程度。如果由模型产生的可控应计利润的绝对值与审计意见有着正相关关系，则表明模型能够探测盈余操纵，否则模型就是不成功的。为此，他们把横截面琼斯模型、横截面修正的琼斯模型同其他时间序列模型放在一起比较，通过把审计意见与可控应计利润的绝对值进行回归，得出结论：横截面模型优于所有时间序列模型；除了迪安吉洛模型，其他模型都能探测盈余操纵。

综上所述，可控应计利润测度法及其各相关模型是具有开拓性的研究成果，在实证方面也取得了显著的效果，但在以下方面尚需进一步研究与论证，使之与该理论体系相协调：

（1）上述计量模型都以现金流量不能进行操纵为假设条件，这显然与现实情况不符。在现实的经济环境中，通过操纵现金流量的方法来调节企业盈余的情况屡有发生。

（2）这些模型在相当程度上将权责发生制条件下确定的应计利润作为衡量盈余管理的标志，它实际上默认或隐含着对现金收付制的推崇和依赖，这与财务会计的基本理论相矛盾。而且，在公认会计原则存在和允许的条件下，可控应计利润或其他应计项目是“操纵”还是“公允表达”，确实不是一个可以一概而论的命题。通过以下章节关于职业判断、资产减值等因素对盈余质量的影响的分析，我们对此将有一个更为清晰的认识。

七、职业判断、资产减值与盈余信息质量

我们从现有的文献中，尚未看到学术界关于职业判断（professional judgments）的概念一致的描述。为便于叙述与研究，我们给出下面的定义：

职业判断是会计人员按照会计准则、制度的要求，根据企业理财环境和经营特点，利用自己的专业知识和职业经验对日常会计事项的处理和财

务报表的编制应采取的原则、方法、程序等方面进行判断与选择的过程。在复杂、不确定以及变化的环境下，为了使用企业会计信息更好地反映企业经济活动实际情况，监管者在制定法律、制度和准则时，为企业会计政策、原则和估计的选择留有余地；会计人员在遵循相关法律法规的前提下依赖其专业知识、经验和分析能力对经济事项的会计处理进行合理的判断。

（一）职业判断对盈余信息质量的影响

会计职业判断的经济后果主要取决于会计准则中需要估计、判断和选择的数量，经济事项本身的复杂程度以及会计人员的执业能力和道德水平。无疑，会计职业判断会直接对会计盈余信息质量产生影响。

为了增加会计信息的决策相关性，财务报告标准要求增加对未完成交易事项的确认和计量，使会计收益更接近经济收益，但这就会导致会计报告数字依赖于管理者的估计，例如股票和特定衍生证券在出售以前的公允价值变化的确认、固定资产出售或报废以前的减值确认等。虽然从理论上讲，会计报告编制者的估计判断应该会产生方差较大且均值为零的误差，但由于经济活动的复杂性和治理结构的不完善，这种误差实际上是有偏差的（Schipper，2003）。

Warfield 和 Wild（1992）认为，会计确认一般滞后于经济事项，这会降低盈余的相关性；会计确认加速又会导致会计信息的可靠性降低，因为报告数字是估计值而不是确切发生的数值。此外，由于会计信息是建立在估计之上，不同的企业面对同样一个经济事项的会计估计和选择就有可能不同，从而导致了不同企业和时期的财务报告是否可比的问题。

解决这些问题的办法有两个：一是尽量减少管理者估计选择的余地，制定详尽的会计核算和报告规则；二是使报告编制者在估计判断时遵守相同准则。

（二）职业判断、资产减值与盈余管理的关联研究

1. 资产减值的概念。1995 年，美国财务会计准则委员会颁布的第 121 号公告正式定义了资产减值一词。资产减值金额是根据会计准则的规定确认和报告资产的降低额，这一降低额主要因经济因素所导致，是准则所认可的，属于资产冲销中的合理部分。

从历史的角度看，资产减值会计实务源于稳健主义的应用。但仅用稳

健主义来规范与指导资产减值会计是不够的。在非专业人员的眼中，稳健主义是“任意低估”的代名词；对专业人员而言，从稳健主义的角度来考虑资产减值，也带有较大的随意性和不科学性。Levitt（1997）在题为《高质量会计准则的重要性》的讲话中指出：好的会计准则应该使财务报告既不多提未来过苦日子的准备（rainyday reserves）也不将损失递延确认，真实的利润波动不要人为予以平滑。因此，对于发生减值资产的计量，会计职业界的注意力应该从按稳健主义进行计价的历史观点转向按未来经济利益进行计价的观点。为了规范资产减值会计实务，建立高质量的会计准则体系，就有必要专门制定资产减值会计准则。

2. 资产减值技术、专业判断及盈余管理的关联。公司尤其是上市公司计提资产减值准备，涉及许多职业判断问题，因而它必然伴随着一定的主观意识即经济动机。人们对企业提取资产减值准备经济动机的研究，目前主要形成了以下两种观点：

（1）客观的经济原因，即资产减值代表了企业在资产发生减值情况下的恰当应对行为。通过对资产的冲销，管理者可以向市场传递由企业糟糕的经营状况、同行业竞争、经济环境的变化等所导致的资产价值下降的会计信息。此时，各项资产可能发生的损失将通过提取资产减值准备的形式得到合理的估计和及时的确认。

（2）管理者出于自身或企业经济利益的考虑，利用准则给他们的选择余地，采取有利于其自身利益的减值政策。此时，资产减值可能变成管理者操纵盈余的一种手段（Francis，Hanna & Vincent，1996）。由此，职业判断与资产减值及盈余管理联结在一起，成为盈余质量研究中一个重要课题。

Watts 和 Zimmerman（1986，1990）根据经济学的契约理论提出了会计选择即会计判断的三大假设：薪酬契约假设，债务契约假设和政治、管制成本假设。这三大假设蕴涵的一个基本前提就是，经理人员对会计政策的选择是一种机会主义行为（opportunistic behavior），即经理人员在选择会计政策时，只会考虑当期的影响，而丝毫不去理会将来的续约或惩罚等。与此相反，有效契约观（efficient contracting）认为，契约是跨期间的，经理人员不可避免地会受到是否续约以及相应惩罚的约束，在选择会计政策时将以降低契约各方之间的代理成本为根本出发点，会计选择的最终结果将使得企业的价值实现最大化，而不仅仅是代理人的效用最大化。比较而言，信息观（information perspective）较为中性，它认为会计政策的选择只是用来反映经理人员对企业未来现金流量的预期，并不直接影响企业的现金流，从而也不直接影响企业的价值。

McNichols 和 Wilson（1988）认为，作为流动资产的减值，坏账准备是可操纵性应计项目的组成部分，坏账准备相对于应收账款的非常变化通常受到证券分析师的关注。他们运用特定应计模型，以坏账准备这一特定的应计项目检验盈余管理。结论表明：当企业的利润非常大或非常小时，企业都会倾向于提取较高比例的坏账准备。这意味着企业管理人员有利用坏账准备政策进行利润平滑和大清理（big bath）的盈余管理行为。Strong 和 Meyer（1987）与 Elliott 和 Shaw（1988）关于资产减值的盈余管理动机的研究得出了如下结论：（1）企业资产的价值毁损因素对资产减值比例的提取具有显著影响。（2）盈余管理因素中的经理人变更因素也对资产减值有较大影响。当企业的主要管理人员发生变更时，企业往往倾向于提取大量的减值准备，以便在来年转回减值时提高业绩。Elliott 等（1988）和 Francis 等（1996）的研究也证明了上述结论。但 Francis 等的研究发现利润平滑因素和大清理因素对资产减值计提比例的影响并不显著。

McNichols 等（1988）的研究发现，在利润较高和较低时企业都会计提较高的减值准备，这表明企业有利润平滑的动机。Zucca 和 Campbell（1992）虽然也认为公司会出于利润平滑的目的提取减值准备，但他们认为更多的公司会因大清洗而进行资产冲销。Chen 等（2004）则认为发生较大亏损或高级经理人变更的公司更愿意提取减值准备，而且计提比例较高，自愿提取减值准备和随后减值准备转回导致的业绩上涨有很大关系。

Tech、Waong 和 Rao（1998）就 IPO 类公司的折旧估计和坏账准备进行了考察。他们发现，相对于非初始发行股票公司的对照样本而言，样本公司在 IPO 的年份和随后几年中更可能采用致使收益增加的折旧政策和坏账准备计提比率。

Riedl（2004）对 SFAS121 发布前后资产减值报告动机和经济因素之间的关系进行比较后得出结论：与准则发布之前相比，准则发布之后资产减值与经济因素的关联度更低，而与大清洗报告行为的关联度更高，而且大清洗行为多是机会主义报告，而不是提供与公司业绩相关的信息。在

SFAS121 下，资产的冲销没有反映公司的基本经济状况，资产冲销报告的质量下降了。

Walsh 等（1991）以澳大利亚有关公司的数据进行的研究表明，公司对异常项目的调整数额越大，大清洗的程度就越大。Yoon 和 Miller（2002）对韩国工业企业进行的研究却发现：在经营业绩不好时企业倾向进行盈余管理，而且，当经营业绩非常不好时，一些公司倾向于进行大清洗。Kirschenheiter 和 Melumad（2002）的观点与 Yoon 和 Miller（2002）一致，他们认为对于“坏”消息，经理人会进行大清洗，以便在将来期间提高盈余水平；而对于“好”消息，经理人会平滑利润，平滑的数额取决于观察到的现金流量水平。

上述文献从不同的角度和侧面研究了企业管理当局利用资产减值政策中的主观判断所进行的盈余管理行为，使我们对职业判断资产减值与盈余管理的关联有了一个比较全面的认识。应该注意的是，尚有一些研究成果表明，盈余管理因素对资产冲销政策的选择没有影响。

Rees、Gill 和 Gore（1996）对资产减值企业的资产减值与异常应计项目的关系进行了分析，结果发现尽管减值年度企业非正常应计项目显著为负，但并未在以后年度转回。因此，他们认为，企业提取资产减值准备并非体现了经理人员的机会主义的盈余管理行为，而是经理人员对变化的经济环境所作的一种积极反应，即通过减值政策向市场传递经理人对未来现金流量的预期。

Bunsis 和 Howard（1997），Bartov、Lindahl 和 Shaw（1998）对资产减值准备的市场反应的研究结果也说明，市场能够理解经理人员通过资产减值政策所传递的有关企业未来现金流量预期的信息，从而验证了 Rees、Gill 和 Gore 的结论。

由此可以看出，国外研究人员在资产减值、职业判断与盈余管理的关联研究方面，并没有得出一致的结论，这也许是因为他们的研究基础、研究样本以及研究变量有一定的差异。但从其主流观点看，职业判断条件下的资产减值存在很大的盈余管理空间，对会计盈余信息质量将造成有一定的影响。

国内学者对资产减值的研究基本上始于 21 世纪初，其研究方法及思路也基本上是对国外学者研究成果的参考与借鉴。本书就一些较有影响的研究或观点加以分析。

王跃堂（2000）[①] 从契约理论的角度，对我国上市公司的具体会计政策选择行为及其经济动机进行了实证研究。结果发现，上市公司的会计政策选择与西方所谓的盈余管理“三大假设”即债务、薪酬契约和政治成本并无明显的关系，而主要取决于证券市场的监管政策、公司治理结构、公司经营水平以及注册会计师的审计意见。具体体现在：扭亏公司利用减值政策的选择做大盈余；而 ST 类上市公司则用减值政策做大亏损；经营业绩越差的公司减值的可能性越大，自愿执行减值政策的公司，被注册会计师出具非标准无保留意见的可能性较大。

张禹林（2001）以 1999 年上市公司年报为基准，选取 20 家亏损公司为样本，研究了四项计提前后亏损上市公司的盈余管理现象。得出四项计提在短期内加剧了上市公司的盈余管理行为的结论。

李增泉（2001）通过对 A 股上市公司 1998 年度和 1999 年度资产减值情况进行考察后发现，上市公司面临是否提取减值准备的会计选择时，一般选择不计提减值准备，即使计提了减值准备，提取比例也显著偏低。而当被强制要求执行资产减值政策时，具有扭亏动机、配股动机和临界动机的上市公司一般会选择增加（或不减少）当前收益的资产减值政策；具有大清洗、利润平滑动机的上市公司则一般会增加（或不减少）未来期间收益的资产减值政策。在控制相关因素（资产规模、负债比率、资产质量）的影响后，仍然发现具有不同盈余管理动机的上市公司在提取各项资产减值准备时存在程度不同的有利于其动机的偏差行为。此外，作者又将具有各种盈余管理动机的公司分为强动机公司和弱动机公司，检验了盈余管理动机程度对资产减值政策的影响。结果发现，增加当期盈余的各种动机的强弱程度对当期计提比例的影响没有表现出明显的差异，但扭亏动机和临界动机的强弱程度对资产减值比例的影响却有一定的差异，增加未来盈余的变动动机和平滑动机的强弱程度对资产减值比例的影响也表现出一定的差异。

王跃堂（2000）对我国资产减值准备政策公告市场效应的检验结果显

---

① 王跃堂：《会计政策选择的经济动机——基于沪深股市的实证分析》，载《会计研究》，2000（12）。

示，新制度公告对市场产生了显著的价格影响。也就是说，在制度出台之初，投资者就根据其关于制度实施可能产生的后果的判断，调整了其对上市公司未来业绩的预期。

孙淑华、何秀英（2005）以及李荣锦（2005）通过对 2001 年颁布的《企业会计制度》中有关企业计提八项减值准备要求进行了分析后认为，其降低企业的潜在风险本意是好的，但由于《企业会计制度》自身的原因，实务操作具有太大的可选择空间。在企业法人治理结构和内部控制制度不健全的情况下，我国很多企业出于种种动机，不能合理预计可能发生的损失和费用，虚计企业资产或收益，少计负债或费用，或计提秘密准备，使八项资产减值的计提成了企业操纵利润的工具，为调节利润提供了较大的利润空间，从而造成会计信息质量低下。

宋彩霞等（2003）通过对上市公司具体会计数据的分析，说明资产减值准备确实成为企业操纵利润的手段。他们对 2002 年配股上市公司的资产减值准备进行研究，发现配股上市公司 2002 年计提的资产减值准备明显小于 2001 年。

陈珩（2003）对 2001 年新政策执行后资产减值动机进行研究，从五个方面（亏损动机、扭亏动机、临界动机、配股动机和利润平滑动机）的经济动机来加以分析。对单个动机的研究发现，具有亏损动机、扭亏动机、临界动机和配股动机的上市公司倾向于用减值政策来管理盈余，而具有利润平滑动机的上市公司所采用的减值政策对当年利润的影响并不显著。另外，此文还考察了多个动机对上市公司资产减值政策执行的影响。通过回归分析发现，亏损动机、扭亏动机和临界动机对资产减值比例的影响显著，而其他动机的影响并不显著。但作者并未对没通过检验的经济动机作进一步的分析。与李增泉不同的是，陈珩考虑了追溯调整对计提比例的影响，弥补了李增泉研究的不足，但其未检验动机强弱程度对资产减值政策的影响。事实上，动机有强弱之分，而且动机的强弱对于资产减值政策的执行行为应该有明显的影响。所以，如果能对不显著的动机进行强弱细分，然后再进行回归，将能得出更精确的结果。

戴德明等（2004）以《企业会计制度》的颁布实施为背景，以2001～2003 年亏损的上市公司为研究样本，对影响其减值准备计提行为的两大因素——经济因素与盈余管理因素进行了研究。① 他们的研究得到三点结论：(1) 亏损上市公司减值准备的计提一定程度上反映了行业和公司自身经营环境的不利变化。在控制经济因素的影响后，盈余管理因素对亏损公司减值准备的计提仍具有显著影响，这说明亏损上市公司存在着较强的大清洗动机。此外，亏损上市公司在进行巨额资产冲销的时点选择上，更可能是在连续亏损期间，而不是首亏年度。(2) 亏损上市公司在亏损年度和亏损前盈利年度减值准备的计提均受经济因素和盈余管理因素的影响，但在亏损年度存在更强的盈余管理动机，同盈利年度相比，两者在统计上存在显著差异。就经济因素而言，亏损公司在亏损年度减值准备的计提上更主要的是受其自身主营业务收入衰减的影响，而在其前一盈利年度则更多地受其行业不利变化的影响。(3) 在考虑不同公司的个体效应后，发现经济因素对亏损公司亏损年度减值准备的计提的影响并不显著，但盈余管理因素仍具有显著影响。因公司兼并重组而导致的董事长变更对减值准备的计提具有显著影响，且亏损年度和盈利年度具有显著差异。但这种差异表现为，如果在亏损年度发生董事长的变更，公司更倾向于少提减值准备。

袁琳和赵建军（2004）研究了我国上市公司会计估计的应用。他们以2002年度上市公司计提的资产减值准备为研究对象，采用实证分析方法证明了2002年度我国大部分上市公司减值准备的计提比例并不大，资产质量较佳，在该年度没有发生大规模的资产贬值；但公司中普遍存在机会主义行为，有相当一部分公司利用会计估计调节利润的意图比较明显。

沈振宇、王金圣和薛爽（2004）研究了坏账准备准则变化前后上市公司利用坏账准备利润操纵行为的变化。结果表明，在我国当期转型经济条件下，上市公司更容易利用原则导向会计准则所赋予的职业判断的空间来操纵利润，而针对规则导向会计准则规定本身而言，公司难以利用其来操纵利润。

裴素平（2005）以上市公司八项资产减值准备为研究对象，选取上海证券交易所工业板块298家上市公司为样本，以2002年为基准，选取2001年、2002年和2003年的相关会计数据，采用描述性统计和回归分析

① 戴德明、毛新述、邓璠：《上市公司亏损、减值准备的计提与盈余管理行为研究》，中国人民大学工作论文，2004（11）。

等方法，分别对具有不同盈余管理动机的上市公司的总体资产减值准备情况和单项资产减值准备情况进行了实证研究。研究发现，资产减值准备的计提与上市公司的盈余管理行为显著相关，具有不同盈余管理动机的上市公司与其他上市公司资产减值准备在描述性 t 检验和回归分析中都存在显著性差异。

刘尚华（2005）认为，资产减值的计取可以提高会计信息的真实性、客观性，增加了会计信息的透明度。但由于具体采用何种方法与计提比例企业可以自由选择，企业不仅可以利用会计政策允许的选择权大做操纵利润的文章，还可以利用“灵活整合”应收账款、“内部处理”存货等手段，以达到其虚增业绩或少缴税款等目的，导致会计信息失真。

张相辉、张相丽（2005）采用实证研究方法，对我国上市公司尤其是亏损上市公司的资产减值准备项目进行统计描述和统计检验，揭示了上市公司如何利用资产减值准备项目避免亏损和亏损后如何扭亏为盈。他们认为，上市公司为了保住“壳资源”，回避“连续三年亏损要暂停或终止上市”的退市机制，确实普遍存在利用资产减值准备进行盈余管理的行为。上市公司在已无法避免亏损的年度加大资产减值准备的计提，在扭亏为盈年度减少或转回资产减值准备的计提，以改变企业当期会计盈余，粉饰企业经营业绩。

从以上文献可知，国内对资产减值准备的系列研究比较一致地得出了上市公司利用资产减值准备政策进行盈余管理的结论。考虑到我国资本市场的制度背景，国外学者关于资产减值的研究对我国公司的资产减值行为缺乏解释力度。但是，目前国内关于运用资产减值项目进行盈余管理研究的证据也明显不足。因此，我们有理由相信，对中国经济环境中的资产减值及其对会计信息质量的影响问题的研究尚存在巨大的空间。

八、盈余信息的及时性质量特征研究

（一）盈余信息及时性的概念

及时性是盈余信息的又一个重要的质量特征。任何信息的价值都有其时间性，且在某种程度上信息越及时其价值越高。过时的信息只能作为历史资料，不具有信息含量，对决策毫无用处。所以，及时性是相关性的重要保证，没有及时性也就谈不上相关性。相关的信息如不及时没有决策利用价值，及时的信息如不相关也毫无意义。

理论界对会计及时性的理解通常包括两个方面的内容：一是会计确认的及时性，即及时记录会计信息，对发生的经济业务及时进行确认和计量；二是会计信息披露的及时性，即及时传递和报告会计信息。Ball、Robin及Wu（2003）将及时性理解成企业的经济收益（economic income）被确认为会计收益（accounting income）的时间，即两者在时间序列上的关系。

美国财务会计准则委员会将会计信息的及时性特征列为相关性的组成部分。其1980年颁布的第二号财务会计概念公告——《会计信息质量》将会计信息的质量归结为可靠性与相关性，而及时性与预测价值及反馈价值共同构成了相关性的内容。

国际会计准则委员会（International Accounting Standards Board，IASB）在其1989年7月公布的《关于编制和提供财务报表的框架》中规定及时性为相关性与可靠性的制约因素之一。此后，根据及时性会计原则，IASB在1997年修订的《国际会计准则第1号——财务报表的列报》中规定了会计报表披露的合理期限。

（二）盈余信息及时性研究评述

在正常情况下，企业的经济价值是不断变化的，其会计确认是否及时，决定着该企业的财务报告是否伴随较多的噪音信息及其全部会计信息的质量。由于经济收益在计量方面比会计盈余具有更大的难度，因此，会计盈余作为会计报告所披露信息的核心内容，对其及时性的研究被认为是会计信息及时性研究领域的主要课题。

国外学者对盈余信息及时性的研究是建立在盈余信息含量研究的基础上的，甚至可以说是与信息含量研究同步进行的。不同的是信息含量研究具有更大的研究范围，它包容了信息及时性研究的全部过程。我们从以下的文献中可以感受到这一点。

Ball和Brown（1968）是盈余信息及时性研究的开拓者。其实证研究表明，在公司盈余宣告之前，年度盈余报告中85%的信息已被包含在股价中。它说明，市场使用了其他的信息来源，而且公司报告信息的时间越晚，市场就越可能从其他来源搜集信息。

此后，一批学者将精力集中在对信息的好坏与信息披露时间的关系研究方面。Elliott（1982）的一项研究认为，在美国证券市场，审计意见与盈余公告时间显著相关。Dyer 和 McHugh（1975）、Davis 和 Whittred（1980）及 Whitterd（1980）对其他国家证券市场的研究也得出了基本类似的结论。Kross（1981）认为，公司披露年度盈余的时间与公司实际盈余和预测值间的差额性质存在显著关系。当披露的是坏消息即实际盈余低于预测值时，公司通常选择较晚披露的策略；而如果披露的是好消息即实际盈余高于预测值时，公司则会尽早披露。Patell 和 Wolfson（1982）研究证实，管理者对信息的披露时间具有选择性，即在交易的过程中披露好消息，而在交易过后才披露坏消息。Ball 和 Foster（1982）发现，好消息一旦发生就很快被披露，而坏消息则需要较长一段时间才能传递到市场。Chambel 和 Penman（1984）随机选取了在纽约证券交易所上市的 100 家公司作为研究样本，对这些上市公司 1970～1976 年披露的 671 份盈余公告发布后的股票价格变动情况进行研究后认为，市场反应与盈余报告的及时性有关，公司规模与年报滞后之间负相关。当盈余数据比预期提前公布时，市场反应较大；而当盈余数据延迟公布时，市场反应较小。这证明了坏消息的披露晚于好消息披露。

Givoly 和 Palmon（1982）从信息及时性与决策有用性的关系的角度，对美国 1960～1974 年上市公司年度报告披露时间趋势及行业模式、及时性与年报消息类型、公司属性、及时性与年报信息含量几个方面进行了研究，认为年报披露的及时性是影响其决策有用性的重要决定因素。他们的实证检验结果表明，样本公司的年报披露时间呈现逐年缩短的趋势，坏消息的年报容易推迟披露，公司规模与年报签署时间成反比，股价对较早披露盈余的反应比较晚披露盈余的反应更加显著，由此表明盈余披露越及时其信息含量越大。

Pauline Weetman 和 Stergios Leventis（2004）从会计信息供需关系的视角，对希腊上市公司 1997 年披露的盈余数据进行了回归分析，认为上市公司及时披露信息可以减少投资者收集信息的成本，私有成本（proprietary cost）是管理者披露信息时考虑的一个重要因素。

Stoughton 和 Darrough（1990）基于博弈论的分析方法，形成以下结论：处于行业进入门槛较高的行业的公司对市场需求信息反应及时。为了阻止新的竞争者进入，公司常常及时披露不利信息而推迟利好消息的披露。

Scott（1997）的研究结果表明，盈余信息的及时报告可以减少管理者的道德风险和逆向选择带来的不利后果。延迟披露财务报告是内部人交易和公司资产随意挪用（misappropriation）和滥用（misapplication）的信号。

程小可、王化成和刘雪辉（2004）以100家沪市A股上市公司年度盈余（1997~2002年）的及时性及其市场反应进行了实证检验①，结果表明：（1）盈余披露及时性显著影响盈余的质量，即盈余披露越及时市场反应越大，反之则相反。（2）上市公司年报披露时间呈逐年缩短的趋势，沪市上市公司年报披露时间平均每年缩短1个半交易日，这与资本市场投资者对更及时信息的需要是一致的。（3）公司年报与其规模具有一定的相关性，规模大的上市公司披露年报的时间较晚。其原因是规模大的公司业务复杂，编制和审计会计报告所耗费的时间相对较长。（4）好消息倾向于较早披露，坏消息倾向于较晚披露。

巫升柱、王建玲和乔旭东（2006）对我国1993~2003年十年间8 294份公司年度报告的披露及时性特征进行了系统的统计分析。其结论是，公司有“好消息”时，倾向于及时地披露其年报，相反，公司有“坏消息”时，倾向于延迟披露；盈余公司比亏损公司的年度报告披露更及时。同时，在其研究期间内，报告时滞在以每年2天的趋势递减，即我国上市公司年报披露的及时性在逐步提高。这基本上验证了程小可、王化成和刘雪辉（2004）的研究结论。

从上述文献看，国内学者对盈余信息及时性的研究，主要是从信息披露的及时性的角度，而不是信息确认的及时性的角度展开的。尽管如此，其研究成果也毕竟从一个侧面论证了及时性是盈余信息的一个重要质量特征，因为如果市场没有及时获得相关信息，那么信息的有用性也就无从谈起。因此，进入21世纪以来，世界各国陆续采取了提高定期报告披露及时性的举措。美国2002年7月颁布的《萨班斯—奥克斯利法案》第409条规定，上市公司必须快速、及时地披露公司财务或经营状况方面发生的重要变化。同时，SEC于2002年9月发布《缩短定期报告编报日期和通过互联

① 程小可、王化成、刘雪辉：《年度盈余披露的及时性与市场反应——来自沪市的证据》，载《审计研究》，2004（2）。

网披露报告》(*Acceleration of Periodic Report Filing Dates and Disclosure Concerning Website Access to Reports*)，利用三年时间最终将年度报告披露期限缩短至60天，季度报告披露期限缩短至35天。澳大利亚拟将现行年报披露期限从75天缩短至60天，新加坡已将年报披露期限从3个月缩短至2个月。但以日本为代表的国家不缩短定期报告披露期限，而推行业绩快报制度。根据日本《证券交易法》的规定，公司有价证券报告书和半年度有价证券报告书要在年终（中）后3个月内才予以披露。为了提高定期报告披露的及时性，东京证券交易所要求公司在会计年度终（中）后2个月内披露决算短报（earnings digest）。

第三节　文献评述及结论

一、盈余信息的重要性及盈余信息质量研究的信息经济学基础

在以上关于研究盈余信息质量特征的大量文献中，我们可以清楚地看到盈余信息在会计信息系统中的重要地位以及信息经济学理论与方法对会计盈余信息质量研究的广泛影响。正是基于这一点，研究者们将大量的精力投入到盈余信息质量特征的各个方面。分析盈余的持续性，是从预测价值角度对盈余信息质量进行的度量；考察盈余反应系数，旨在了解盈余信息的市场反应，其实质是市场对公司所公布的盈余信息的反馈，是从反馈价值角度对盈余信息质量进行的度量；应计利润是净利润与经营现金流量之间的差异，它实质上汇总了所有会计选择对盈余的影响，盈余对企业真实的经营业绩的反映程度主要取决于对应计利润数量、摊销和估价的职业判断，因此应计利润是从如实表述角度对盈余信息质量进行的度量；盈余平滑、盈余波动、职业判断与盈余管理紧密相连，成为会计信息质量特征理论研究的重要课题；从及时性角度对盈余质量进行研究的成果，向我们揭示了学术界关于会计信息及时性质量特征的又一轮争论热潮。由此看出，上述围绕盈余信息质量问题的一系列开拓性研究都是基于信息经济学关于信息在市场上的作用机理而展开的。换言之，会计盈余信息质量研究是以信息经济学的理论和方法为基础的。

二、关于盈余管理的主体

从盈余信息的生成角度来看，会计人员常常被认为是盈余管理的主体。但是，从盈余信息的用途或需求来看，它是反映企业管理当局经营绩效的重要渠道和载体，用以解除管理当局的受托责任，而会计人员在盈余信息生成的过程中扮演的是独立于委托方（股东等）和受托方（管理当局）的中立角色。同时，由于所有权与经营权分离条件下存在着管理人员努力程度的不可观测性，所以会计信息反映的相关指标就成为委托方评价其经营业绩的主要尺度。这些特点决定了管理当局比会计人员更关注会计信息所反映的内容和结果，也必然会参与乃至干涉会计信息的生成和传递。而且，会计人员的行为也可能受到管理当局不同程度的干预。因此，将会计信息提供的主体定位于管理阶层合乎情理。Watts 和 Zimmerman（1978）在其《确定会计准则的实证理论导论》中将理解管理阶层的动机作为会计准则确定的实证理论的前提，并认为会计选择的主体是管理阶层而非会计人员。无论是会计方法的选择、会计方法的运用和会计估计的变动、会计方法的运用时点，还是交易事项发生时点的控制，最终的决定权都在管理层手中，即“会计信息本质上来源于企业组织”（王永海，2000）。其经济后果是在管理层对企业的利益相关者实施影响的过程中形成的，它并不源于会计系统本身。在该过程中，会计系统及其提供的信息不过是扮演了实施影响的工具和媒介而已。因此，我们分析和研究盈余信息甚或全部会计信息的质量特征，就离不开对企业管理当局动机及行为的关注和考察。

三、盈余管理的实质

在经济主体理性（ratioanal）的条件下，行为主体根据给定的条件及对方的行为，来决定自己的行为，从而使其利益最大化。在这里，经济主体理性是指个体的行为始终都是以实现自身利益最大化为目标。这使我们从博弈论[①]的角度进行分析成为可能。从博弈论的观点看，盈余管理的主体是企业管理当局，对方是企业的利益相关人，其策略是会计准则、制度

① 关于博弈论的详细介绍及在信息供求关系方面的运用，将在以后的章节中展开。

和法律、法规。盈余管理的实质是企业管理当局追求利益最大化的一种博弈行为。引入博弈论的方法研究这个问题，我们至少可以形成一些新的认识和结论。

1. 会计原则、会计准则及其相关经济法规等，实质上是有关管理机构（如政府、制定准则的机构等）与企业管理当局达成的协议或契约。从博弈论的角度讲，在自身利益最大化的驱动下，博弈双方都有不遵守“协议”的动机。因为，会计原则、准则和其他相关经济法规等，是在特定条件下达成的“协议”。条件变化后，博弈各方原先的利益均衡状态会发生变化。理性的经济主体在比较遵守或不遵守“协议”的成本与收益后，会作出遵守或不遵守“协议”的选择。条件的稳定是相对的，变化是绝对的。因此，企业管理当局为实现特定利益目标而选择盈余管理的博弈行为，是不可避免的客观存在。

2. 盈余管理的存在于委托—代理关系之中。企业管理者之所以能在盈余管理上拥有较大的发挥空间，其重要原因在于信息不对称环境中委托—代理关系的存在。在一个现实经济中，会计信息提供者（企业管理当局）通常比会计信息使用者了解更多的企业内部信息，从而使管理当局利用盈余管理获得有利财务成果的行为成为可能。如果委托人与代理人之间没有契约摩擦，他们之间的沟通是完全透明的，委托人可以掌握并使用充分信息，盈余管理要么不可能发生，要么是虽然发生了，但不易产生误解。① 当然，企业出于债务契约、避税等方面的目的，也可能从事盈余管理（姚婕，2001；顾兆峰，2000；陈建岐，2000）。由此，从广义的角度讲，盈余管理产生的一般条件或前提是利益的博弈关系：只要存在通过博弈使自身利益最大化的条件，就一定会发生盈余管理。可见，信息经济学核心理论及方法是分析、诠释会计盈余及盈余管理的有效工具和手段。

3. 成本效益原则的约束决定了盈余管理存在的意义。完全消除盈余管理从理论上讲可以做到，但在实务中并不可行，因为它要受到成本效益原则的限制和制约。若消除盈余管理，制定一套统一的、强制执行的会计制

---

① 显然，这里强调的是盈余管理的客观性或中立性，即企业管理当局根据企业所处的经济环境，根据职业判断或经验采取的影响会计盈余的措施，其动机是为了保护企业最大多数利益相关者的利益。

度就可以发挥一定的作用。但统一的会计制度对管理者行为的约束是以忽视职业判断为前提，必然会影响到管理者的创造性、主观能动性和激励性，极大地降低企业的效益。当然，聘请注册会计师进行严格审定，对账面会计政策变动和盈余的影响逐条调整，以便得出一个真实的盈余信息，对整治或消除盈余管理也可能取得一定成效，但无疑需以高昂的成本为代价。因此，盈余管理的存在是一个长期的过程，法律、规则和人力等外力作用是不可能把它完全消除的，除非市场经济以及委托—代理关系已不复存在。

四、盈余管理与公认会计准则的关联

从信息经济学的角度看，由于信息的不对称分布，会计信息使用者难以拥有充分的信息供其进行决策选择，甚至由于会计信息的外部性（externality）的“搭便车”现象的存在形成逆向选择和道德风险并导致市场失灵。公认会计准则（GAAP）的制定与实施，旨在规范会计信息的生成过程及揭示方法，消除或减少信息不对称及其所引起的相关经济问题，提供有助于决策的相关可靠的会计信息。Ball 等（2003）认为，采纳高质量的会计准则是提高会计信息质量的必要手段，但不是唯一的手段。进一步研究发现，恰恰是会计准则的某些规定和惯例，为企业管理当局进行盈余管理提供了机会，创造了条件。

1. 权责发生制的制度设计是形成盈余管理的主要因素。应计制会计或权责发生制会计试图将经济实体发生的交易与其他事项和情况，按照其产生的财务结果在不同期间加以记录，而不是在经济实体实际收入或付出现金时予以确认。因此，为了反映经济实体在某一期间的业绩，而不是仅仅记录现金的收入和支出，应计制会计采用了预提、待摊、递延以及分配等方法程序，将各期间收入与费用、收益与损失配比。这样，就离不开会计职业判断的存在和影响。如上文所述，它就必然伴随着对盈余的管理和规划。可以认为，权责发生制原则在会计中的地位在一个相当长的时期内是不可动摇的。因此，盈余管理行为的存在也必然是一个长期的过程。

2. 公认会计准则（GAAP）的灵活性和稳定性是形成盈余管理的另一因素。会计准则的制定规范了信息披露方式，从而可减少会计信息环境的不确定性及因选择披露方式不同所形成的机会主义行为，使得对同一经济事项在不同的企业或人群中可以形成一个合理可靠的预期，为人们运用合法信息提供一个有保障的框架。但是，无论国际会计准则、美国会计准则，还是我国的企业会计准则和会计制度，都给予了会计人员较多的选择空间。另外，新型经济业务的不断涌现，也使得其中的一些交易和经济事项的会计确认、计量和披露并未在相关准则中作出相应的规定，即使对某些事项作出了相关规定，但在一定时间内，也呈现出一定的稳定性，造成会计准则的滞后。因此，企业管理当局可以利用会计准则制定的滞后性对会计事项作出对自身有利的估计或判断。

我们还应看到，盈余管理也促进了会计准则及现代会计理论的发展。①20 世纪 90 年代以来的盈余管理实证研究热潮，对会计实务和公认会计原则的制定产生了深远的影响，不仅促进了现代会计理论及其研究方法的发展，而且还对公司治理结构的完善、组织行为与控制、绩效评估与报酬计划、市场监管等一系列理论与实务问题的解决提供了重要依据。

---

① 魏明海（2000）认为，盈余管理的实证研究加速了公司财务报告的透明度方面的研究。

第二章　会计盈余信息的价值与成本分析

第一节　会计盈余信息的价值分析

一、信息经济学理论体系中的信息、信念与信息服务

信息（information）及在其基础上产生的信念（belief），是信息经济学理论体系中最基本的概念范畴，是信息经济学研究的起点，它贯穿于信息经济学研究的全部过程。对其的深入理解，有助于我们准确和全面地把握会计学中的会计盈余信息概念及其学术研究价值。本节将在参考、借鉴洪剑峭、李志文（2004）① 研究成果的基础上，对此加以分析和论证。

（一）信息

信息有时被称为知识，是人们对世界有关事实和规律的总结及积累。在这种观点下，信息是一种存量。但信息有时也指这种知识的一个增量，表现为反映客观世界的一条消息或一条新闻，这种信息增加了人们对客观世界规律的认识。在这种情况下，信息是人们认识客观世界的工具或载体。以此而论，会计信息就是人们把握和了解经济组织交易事项的工具或载体。

（二）信念

信息（包括知识、新闻等）通常被理解为一种客观的事实或规律，具有客观性的实质。信念则是个体对未知世界的主观认识，而理性的个体能够利用客观知识的增量（消息和新闻）来修正他的信念。

---

① 洪剑峭、李志文：《会计学理论》，北京，清华大学出版社，2004。

（三）信息服务（information service）

信息是信息拥有者（信息服务机构）向信息需求者提供信息的过程。信息服务机构提供的是信息服务，而不是具体的某条信息。我们以股票市场的信息服务为例加以说明。一种股票的未来走势可能有上涨、持平和下跌三种情况，股票上涨、股票持平和股票下跌分别是三条信息。而提供该股票未来走势预测服务的投资咨询公司提供的信息服务是指这三条信息的可能性，也就是对股票走势可能性的分析和研判。买方向投资咨询公司购买的是信息服务，而不可能是具体的某条信息，因为事先无法知道从投资咨询公司那里将得到哪条信息。同理，会计信息系统为有关各方提供的是信息服务。因此，会计信息的价值实际上是指会计信息服务的价值。

（四）公开信息（public information）与私人信息（private information）

影响信息价值的一个关键因素是它的稀缺性。私人信息是指信息仅为某一个人或机构所掌握的一种极端情况；而公开信息是指信息为所有人知道的另一种极端情况。公开化是指将私人信息转变为公开信息的过程，在这一过程中，总会有一些隐私性的丧失而导致信息价值的损失。信息经济学研究信息的价值，信息的稀缺性表现为信息的公开性程度。所以，区别私人信息与公开信息是认识信息作用问题的起点。信息经济学将拥有私人信息的一方称为代理人，将不了解这些信息的一方称为委托人，由此构建了信息不对称条件下的委托—代理关系模型及理论分析框架，成为信息经济学理论体系的核心内容。

研究信息概念的意义在于，会计信息系统产生具体的信息，理性的个体将根据得到的信息内容修正其对未来可能发生状态的判断，并以此为基础完成决策的过程，信息的价值借此得以实现。

二、会计盈余信息的决策价值

会计是一个信息系统，它主要为投资者和债权人及其他用户提供有助于他们预测企业未来现金净流量的数额、时间和或然性的信息。美国会计原则委员会第 1 号 SFAC 认为，要关注企业未来的现金流动，必须关注企业的盈余信息。作为盈余信息的会计收益，由于它与现金流动的相关性，成为投资者、债权人及其他潜在用户预测企业未来现金净流量的数额、时间和或然性的一个重要依据。盈余不仅是会计学上的核心概念，也是投资者、债权人及其他利益相关者评价企业盈利能力与经营管理者经营能力的重要信息，因此一直是投资者等利益相关人关注的焦点。在信息经济学框架下，盈余质量表现为盈余信息的投资决策相关性。相关性是指与决策有关的具有影响决策的能力，也就是会计信息对决策者具有差别的作用。凡是能够进一步证实决策者设想，使他们能够相信决策可能产生的结果，或者能够改变决策者原来的设想，使他们采取另一项决策的盈余信息都具有相关性。下面，我们结合模型说明盈余信息的决策价值的形成机理。

（一）信念及其修正过程

前文述及，信念是个体对未知世界的主观认识，是个体进行有关决策的根据。会计信息将导致理性的个体对原来信念的修正而形成新的信念。其中，在会计盈余信息到达（披露）之前的信念称为先验信念（prior belief），在信息到达之后形成的信念称为后验（posterior belief）信念。我们分以下步骤分析个体对未来状态判断的修正过程。

1. 设（1，2，…，S）为未来最终所有可能出现的状态集合，（π_1，π_2,…,π_S）为先验信念，即个体事先认为状态 s 发生的概率为 π_S，对$s=1$，2，…，S，有

$$\sum_{s=1}^{s} \pi_s = \pi_1 + \pi_2 + \cdots + \pi_s = 1$$

2. 设（1,2,…,M）为所有可能收到的会计信息的集合，对 $s=1$，2，…，S和 $m=1$，2，…，M，引入以下参数：

q_m——收到信号 m 的概率；

j_{sm}——同时发生状态 s 和收到信号 m 的联合概率；

$q_m \mid s$——状态 s 发生时收到信号 m 的条件概率；

$\pi_s \mid m$——收到信号 m 后，状态 s 发生的条件概率。

上述条件概率是指$\pi_s \mid m$ 表示收到信号 m 后，产生的对各状态发生可能性新的主观判断，即在收到信号 m 后，个体认为状态（1,2,…,S）发生的相应概率为（$\pi_1 \mid m, \pi_2 \mid m, \cdots, \pi_s \mid m$），即后验信念。分析上述四种概率之间的内在联系，目的在于分析会计信息是如何使个体的先验概率修正为后验概率的。

对联合概率j_{sm}，列出矩阵 $J=[j_{sm}]_{S\times M}$ 矩阵 J，如表 2-1 所示。

表 2－1　　　　联合概率矩阵 $J = [j_{sm}]_{S \times M}$

	信号 m					
	J	1	2	…	M	先验信念
状态 s	1	j_{11}	j_{12}	…	j_{1M}	π_1
	2	j_{21}	j_{22}	…	j_{2M}	π_2
	…	…	…	…	…	…
	S	j_{S1}	j_{S2}	…	j_{SM}	π_S
	收到各信号的概率	q_1	q_2	…	q_M	1.0

对联合概率矩阵，有下面两个基本关系式：

$$\text{对 } s = 1, 2, \cdots, S, \sum_{m=1}^{M} j_{sm} = \pi_s$$

$$\text{对 } m = 1, 2, \cdots, M, \sum_{s=1}^{S} j_{sm} = q_m$$

据此导出联合概率与条件概率的关系如下：

$$q_m | s = \frac{j_{sm}}{\pi_s}$$

$$\pi_s | m = \frac{j_{sm}}{q_m}$$

通常，决策者首先考虑自己已具有的对未来状态的判断即先验信念，根据信息服务在原有判断的基础上形成新的判断即后验信念。值得指出的是，先验信念是主观的，而代表信息服务的后验信念是客观的。

3. 基于贝叶斯定理（Bayes Theorem）的分析。决策者收到会计信息或信号后引起的对各状态发生概率的修正过程遵循下述的贝叶斯定理（亦称贝叶斯公式）。①

贝叶斯定理（Ⅰ）

$$\pi_s | m = \frac{j_{sm}}{q_m} = \frac{\pi_s q_m | s}{q_m}$$

贝叶斯定理（Ⅱ）

① 贝叶斯（Thomas Bayes），英国数学家，创立了贝叶斯统计理论，对于统计决策函数、统计推断、统计的估算等作出了贡献。贝叶斯定理在经济的许多领域中有着广泛应用，如贝叶斯风险、贝叶斯投资者、贝叶斯决策函数、贝叶斯决策规则、贝叶斯估计量等。

$$\pi_s|m = \frac{\pi_s q_m|s}{\sum_{s=1}^{s} j_{sm}} = \frac{\pi_s q_m|s}{\sum_{s=1}^{s} \pi_s q_m|s}$$

贝叶斯定理给出了如何由先验信念和会计信息服务得到后验信念进行决策的过程。其蕴涵的直观意义是：

1. 在其他条件不变的情况下，决策者对未来发生的状态越有把握，会计信息服务对信念的修正作用越小，即后验概率分布越接近先验概率分布。以一个极端情形为例，如果决策者认为某状态 s 发生的概率为 100%，则收到任何信号都不会改变他的先验信念。这点可由贝叶斯定理证实：如果对任何状态 $s \neq s_0$ 。由于 $\pi_{S_0} = 1$ ，所以 $\pi_S = 0$ ，即其先验概率为零，则对任何的信号 m，根据贝叶斯定理，与其相应的后验概率 $\pi_s|m = 0$ 。

2. 在其他条件不变的情况下，收到的信号越极端，对后验概率的影响越大。这符合我们的直观：只有收到极端意外的信号，才会引起主观判断上的巨大修正。后验概率$\pi_s|m$ 是由先验概率 π_S 乘以信念修正系数 $\frac{q_m|s}{q_m}$ 得到。一个极端信号解释为收到这个信号的概率 q_m 很小，即收到信号 m 是一个小概率事件。在其他条件不变的情况下，收到的信号越极端，结果是相应的信念修正系数 $\frac{q_m|s}{q_m}$ 越大，因而得到的后验概率的修正程度也越大。

贝叶斯决策属于风险型决策。决策者虽不能控制客观条件的变化，但却能掌握其变化的可能状况及分布概率，并利用期望值来作为决策的准则。由于决策者对变化中的各种客观因素的描述不确定，因此决策过程存在风险。完全确定的情况在现实社会几乎不可能存在。贝叶斯决策不是使决策问题完全无风险，而是通过决策中会计信息质和量的增加，使其风险减少。会计盈余信息的价值在于其质量特征对决策风险的影响程度。

（二）基于会计盈余信息的决策及其效用

1. 关于决策的不确定性。决策是个体在不同的可行方案中作出符合个体目标的最优选择。决策过程是有风险的，因为在绝大多数情况下，同一行动方案可能产生不同的结果。一般来讲，各方案最终的结果除了依赖方案本身外，还取决于一些随机因素，通常称为未来的“状态”。方案是决策者可控制的因素，他可以选择不同的方案。而状态并不受决策者影响，他可能获得有关状态的会计信息，但不能影响状态或某种信息的发生概率。因此，决策通常都具有某种程度的不确定性。

2. 关于决策的效用。① 决策的效用是指决策者对决策效果的预期或偏好。在合理的假设下，存在基本效用函数，利用期望效用原则导出的效用函数有效地刻画了个体在不确定情形下的选择行为，而且基本效用函数在正线性变换下是唯一的。决策者对各不同结果的偏好或基本效用函数只是描述了个体对决策结果的偏好。然而决策需要评价各种决策方案，因此需要一个连接由"决策者对结果偏好"到"对决策方案偏好"的假设。为此，我们设定以下参数：

（1）可供选择的决策方案的全体集合 $(1,\cdots,x,\cdots,X)$；

（2）可能发生状态的全体集合 $(1,\cdots,s,\cdots,S)$；

决策方案、状态和结果矩阵

	$s=1$	$s=2$
$x=1$	C_{11}	C_{12}
$x=1$	C_{21}	C_{22}

（3）各种不同方案 x 和状态 s 组合下的结果 C_{33}；

（4）决策者对各种状态发生的可能性的估计或概率函数 $\pi(s)$；

（5）决策者对各不同结果的偏好或基本效用函数 $V(c)$；

（6）$U(x)$ 表示由期望效用原则导出的效用函数，其自变量为决策方案。

按照 Von Neuman 和 Morgensten 的期望效用原则，在不确定情形下，决策者选择某一方案 x，等价于选择一组结果 $C(x)=(C_{x1},C_{x2},\cdots,C_{xs})$，各结果发生的概率为 $\pi=(\pi_1,\pi_2,\cdots,\pi_S)$。这样可以将两者等同，即方案等价于一组结果值上的概率分布：$x=(C_{x1},C_{x2},\cdots,C_{xs};\pi_1,\pi_2,\cdots,\pi_S)$。由此给出了 $V(C)$ 和 $U(x)$ 的一个自然关系，某一方案 x 带给决策者的效用是对该方案下各结果效用值的数学期望。其数学表达为

① 一些文献对风险型决策和不确定型决策进行了区分，认为风险型决策是指决策者能够客观地估计各状态发生的概率，而不确定型决策是指决策者无法客观地估计未来事件发生的概率。本文未予区分。

$$U(x) = \pi_1 V(C_{x1}) + \pi_2 V(C_{x2}) + \cdots + \pi_s VC_{xs}$$

它表明，在一个现实经济中，如果 C 表示结果的货币收入，基本效用函数 $V(C)$ 是 C 的单调增函数，则较高的收入能带来较大的效用。然而在不确定情形下，收入的不确定性也会影响决策者的效用，不同的决策者对这种不确定性或风险有不同的态度。

（三）信息的决策价值

决策者根据对未来状态发生可能性的主观判断选择使期望效用最大化的决策方案，信息服务将导致决策者修正原先对未来状态发生可能性的主观判断，从而引起决策方案的调整，最终导致期望效用的提高。

设 $(1,\cdots,x,\cdots,X)$ 是可选择的决策方案，对每一个方案 x，其结果（或产出）还取决于未来状态的实现值 s。以 C_{xs} 表示方案 x 及状态 s 时的产出，$V(C_{xs})$ 表示产出 C_{xs} 带给决策者的效用，$V(x, \pi)$ 为决策者的效用函数。

决策者按期望效用最大化原则选择决策方案。因此，没有信息服务时，决策者对状态的先验估计为 $\pi = (\pi_1, \pi_2, \cdots, \pi_S)$，相应的决策问题为

$$\max_{x \in \{1,2,\cdots,x\}} V(x;\pi) = \max_{x \in \{1,2,\cdots,x\}} \sum_{s=1}^{s} \pi_s V(C_{xs})$$

记 x_0 为上述问题的最优方案，信息服务产生的价值，是由该服务带来决策个体期望效用的提高。设 μ 是一个信息服务系统，将产生信号 $m \in \{1,\cdots,M\}$，系统由矩阵 $L = (q_m \mid s)_{M\times S}$ 刻画。

当收到一个信号 m 后，决策者将依据贝叶斯定理形成对状态的后验判断 $\pi_s \mid m$，这时相应的决策问题可以表述为

$$\omega_m = V(x_m;m) - V(x_0;m)$$

这里，$\omega_m \geqslant 0$。因为取得信息服务不会使决策者的期望效用下降，所以至少他可以坚持原来的方案。

应该注意的是，决策者取得的是信息服务。在收到某具体信号前，决策者不知道他将会收到什么样的信号。所以，信息（服务）的价值（以效用为单位）应该是各信号产生的期望效用提高量 ω_m 按它们各自收到的概率加权平均而得到的预期量。具体地，对由先验信念和矩阵 L 刻画的信息服务 μ，以决策者效用表示的信息价值为

$$\Omega(\mu) = E_m[\omega_m] = \sum_{m=1}^{M} q_m [V(x_m;m) - V(x_0;m)]$$

同样，$\Omega(\mu)\geqslant 0$，即信息服务永远不会降低决策者的期望效用。从单纯的决策考虑，不考虑信息服务的成本和出现虚假信息的情况，信息增多永远不会是坏事情。

记 C_{sm}^{*} 为收到信号 m 后最佳方案 x_m 在状态 s 下的产出，C_{s0}^{*} 为没有信息服务时最佳方案 x_0 在状态 s 下的产出，那么信息服务 μ 的价值为

$$\Omega(\mu)=\sum_{m-1}^{M} q_m \sum_{s=1}^{S} \pi_s \,|mV(C_{sm}^{*})-\sum_{m=1}^{M} q_m \sum_{s=1}^{S} \pi_s \,|mV(C_{s0}^{*})$$

$$=\sum_{m=1}^{M}\sum_{s=1}^{S} q_m \pi_s \,|\, mV(C_{sm}^{*})-\sum_{s=1}^{S} \pi_s V(C_{s0}^{*})$$

从中可见，信息的价值在于有和没有信息时决策带来的期望效用之间的差额。引申到会计领域，信息的价值就是基于会计盈余信息进行决策带来的超额收益或异常收益（abnormal return），对此，我们将在下面的章节中加以详细说明。

三、会计盈余信息的决策价值度量

信息经济学关于信息服务的决策价值模型使人们对信息的价值认识更清晰、更深入，成为会计信息的价值（或称信息含量）度量研究的强力补充，丰富了会计理论，尤其是在度量方法论方面，为会计领域的盈余信息含量度量模型及方法提供了诠释和基础。

（一）股票价格波动分析法（stock price analysis）

该方法是将事件公告期间超额回报（用市场模型回归得到的残差项）的平方与非事件公告期间超额回报的方差进行比较，得到比值 R。如果在事件公告期间存在超常的股票价格活动，则 R 应显著高于 1。

我们以 Beaver（1968）的研究为例加以说明。在这项研究中，Beaver 以 43 家 NYSE 公司作为样本，对盈余公告期（及附近）的股票价格波动 R 进行研究后得出结论：在盈余公告期（第 0 周），股票价格波动幅度比非报告期的平均水平约高出 67%；在盈余公告期后的两周内，仍存在着股票价格的超常波动（高出 10% ~15%）。它表明股票市场中的投资者基于盈余信息的投资决策的效用高于未拥有盈余信息时的决策效用，在一定程度上证明了盈余信息的决策价值。

股票价格波动分析法是一种简洁、直观的分析方法，但其分析结果只

能说明某一事件前后股票交易量是否发生了变动，即是否受到了某一事件的影响，而无法说明具体的影响程度和效果，更无法反映市场投资者基于会计信息的决策过程与结果。因此人们对累积超额收益分析法和多元线性回归分析法给予了更多的关注和使用。

（二）累积超额收益分析法（Cumulative Abnormal Return，CAR）

累积超额收益分析法的原理是，通过考察样本在年报、中报或其他信息等的公告日前后某个特定的研究窗口中每隔一定时间间隔（可以是一天、一周或一个月等）的平均或累计超额收益偏离的程度来判断市场对该信息的反应，考察事件对市场投资者决策影响程度，度量和验证盈余信息的决策价值。其研究步骤或程序一般包括定义事件、确定事件日和事件窗口、选择样本、计算正常收益和异常收益、选择估算正常收益的模型、计算异常收益与正常值的差异和提出检验结论。若在事件窗口内累计超额收益显著异于零，则表明事件具有信息含量，即市场投资者对会计盈余信息有显著反应并作出投资决策，会计信息具有决策价值；反之，则表明事件不具有信息含量，市场投资者对其反应不明显，或无法作出投资决策，即该信息不具有投资决策价值。

Ball 和 Brown（1968）的经典研究验证了盈余信息变动的市场反应及信息决策价值的存在。数据表明，1957～1965 年，经历正的盈余变动的股票具有正的价格变化；反之，负的盈余变动与负的价格变化相连。好的盈余消息带来 7% 的股价上升，而坏消息与 9% 的股价下降相连。Beaver、Darke 和 Wight（1979）扩展了 Ball 和 Brown（1968）的研究，按照年度会计盈余的大小建立 25 个组合来度量股票价格变化的大小，结果十分显著，股票收益的变化从 -17.50% 到 29.2%，幅度远大于 Ball 和 Brown（1968）在盈余变动方向上的股票收益变化幅度（-9% ～ 7%）。

（三）多元线性回归分析法（Multivariable Linear Regression Analysis，MLRA）

MLRA 有时也被称为回归方程的横截面研究方法，它主要是在一定的样本选择和窗口选择的基础上，建立会计事件与超额收益之间的回归方程，然后根据回归系数的大小、符号和显著性程度判断会计事件的信息含量和对股票市场的影响。其假设是会计事件向市场传达了某种信息，提供了信息服务，从而潜在地影响市场的再预期，股票价格对会计事件的反应系数会相应地发生变化，以反映市场对原有预期的调整（即信念的修正）。这与信息经济学关于信息决策价值的形成机理或理念相当吻合，我们甚至可以说这种方法就是对其理论和方法的运用和借鉴。

Farna 和 French（1992）的研究表明，企业规模、净资产倍率信息对资本市场股票收益的解释能力最强，并能吸收市盈率、财务杠杆率对收益的解释能力，即组成多元回归方程后市盈率、财务杠杆比率的解释能力弱很多。Ballt 和 Kothari（1991）研究发现，运用超额收益和多元回归分析，给定风险变化，超额回报与公司规模负相关。因此，在许多经验研究中，规模都被当做一个控制变量引入回归模型。陈信元（2000）的研究发现，企业规模在预测股票收益方面表现出显著的解释能力，并且这样的结论在不同的模型中始终成立。

孙爱军、陈小悦（2002）的研究表明，在中国股票市场中，会计盈余对股票收益具有显著的解释能力，而且这种能力呈现不断增强的趋势。每股盈余、净资产收益率信息对超常股票收益均有显著的影响。股票收益对于会计盈余具有明显的信息含量，这些都意味着股票投资收益与基于会计盈余信息的投资决策之间紧密的内在关系。

上述方法在分析会计盈余信息对于投资决策及其在市场中的股票收益的影响时，都是针对企业外部的信息需求者（如资本市场中投资者等）的投资决策价值展开的，而对企业内部管理所需的信息决策价值的研究，如基于会计信息的存货决策价值、固定资产投资决策价值等研究则是空白。因此，关于会计信息的决策价值研究和探讨，仍处于一个初级阶段，在广度和深度两方面都具有较大的空间。

四、盈余信息的控制价值

（一）关于信息控制的基本假设

在信息经济学中，信息具有两方面的主要作用：一是信息的决策作用，二是信息的控制作用。在上节中已经讨论了信息的决策作用，本节主要讨论信息是如何实现它的控制功能的。

在经济活动中，当一个参与者（雇主）需要另一参与者为其提供劳动而后者（被雇方）的劳动投入直接影响雇主的最终收益时，就产生了控制问题。雇主往往会采取一些必要的手段进行监督或激励。其根本原因在于：（1）信息不对称。被雇方的投入是私人行为，雇主无法直接观测，因此被称为隐藏行为（hidden actions）。（2）目标不一致。被雇方是根据他自己的目标选择投入，与雇主的目标有偏离。上述两个原因是控制问题产生的必要条件。条件（1）排除了雇主通过对被雇方行为进行直接监督而达到完全控制的目的，从经济角度来讲，直接监督要达到完全控制，相应的成本是无穷大。这种隐藏行为问题是信息经济学研究的信息不对称现象的一种①，其根据在于隐藏知识（hidden knowledge），即被雇方拥有某种信息的优势。事实上，如果雇主可以直接观测被雇方的行为，从而根据观测到的劳动投入对被雇方进行奖惩，那么雇主可以不需任何额外的代价完全左右被雇方的劳动投入而取得最大的效用。条件（2）是基本假设，也是雇主必须考虑的问题。如果没有目标不一致问题，被雇方将完全按雇主的目标（也就是他的个人目标）选择投入。

在上述假设下，信息经济学研究的一个问题是：给定信息结构，什么是最优的合约（契约）安排？这里的合约是指雇主和被雇方之间达成的关于雇主支付被雇方劳动报酬方案的协议。被雇方的报酬往往依赖于一些变量，这些变量被称为合约变量。合约变量必须具备能为合约各方共同认可的性质。在隐藏行为的假设下，被雇方的行为不具备这一性质。在委托—代理框架下，信息的控制作用是作为合约变量体现的。下面将结合委托—代理模型来加以说明。

（二）委托—代理模型

委托—代理模型包括两方面的内容，即由委托人和代理人构成的委托—代理关系及一个给定的信息结构。下面我们给出以下假设及参数：

1. A 表示代理人所有可选择的行为集合，$\alpha \in A$ 表示代理人的一个特定行为，假设 α 是一维实变量，代表代理人的努力程度。$C(\alpha)$ 表示代理人选择行为 α 需付出的个人效用，它是代理人选择行为的代价，因此，可称为代理人行为的负效用（disutility），意为由此放弃的个人闲暇等产生的效用。

2. 负效用是边际递增的，即 $C'(\alpha)>0$，$C''(\alpha)>0$，在同样的收入条件下，代理人总希望付出较低的努力程度。设委托人和代理人的效用函

① 另一种信息不对称现象是所谓的逆向选择问题。

数分别为 v（·）和 u（·），满足 $v' > 0$，$v'' \leqslant 0$ 和 $u' > 0$，$u'' \leqslant 0$，即委托和代理双方都是风险规避者或风险中立者。

3. 代理关系的产出 π 由代理人的行为 α 和一个不受委托、代理双方控制的一维随机变量 θ（通常称为自然状态）共同决定，记为 $\pi(\alpha,\theta)$。当代理人选择行为 α 之后，产出 π 是一个由自然状态 θ 决定的随机变量，用 $h(\pi,\alpha)$ 表示这一随机变量的分布密度函数，$g(\theta)$ 表示自然状态 θ 的分布密度。

4. $\pi(\alpha,\theta)$ 是 α 的严格递增的上凸函数，即给定 θ，代理人工作越努力，产出越高，但努力水平的边际产出率是递减的。

5. π 是 θ 的严格增函数，即 θ 越大，表示自然状态越有利，在代理人同样的投入水平下，产出越大。

6. 设定在一个信息结构即一个信息服务系统中，产生的信号 x 可由委托、代理双方共同观测，如关于代理人工作投入的业绩评价机制等。信号 x 由代理人的行为和自然状态共同决定，记为 $x(\alpha,\theta)$。用 $f(x,\alpha)$ 表示代理人选择行为 α 后信号 x 的分布密度函数，$f(x,\pi,\alpha)$ 表示给定代理人行为 α 后，随机变量 x 和 π 的联合分布密度。

基于上述参数及假设，在给定的代理结构下，委托人的选择是设计一个依赖于变量 x（即信息或信号）的代理人报酬合约 $s(x)$，使自己的期望效用最大化。在报酬支付方案 $s(x)$ 下，委托人的期望效用依赖于代理人的投入行为 α，具体表述如下：

$$\iint v\,[\pi - s(x)]f(x,\pi,a)\,\mathrm{d}x\mathrm{d}\pi$$

由此，我们给出：

（1）委托人的选择。委托人选择 α 和 $s(x)$ 并使上述期望效用函数最大化。但委托人选择的 α 和 $s(x)$ 必须满足激励相容要求（incentive compatibility），即给定代理人报酬 $s(x)$ 下，代理人从自身效用最大化出发，选择投入 α。

（2）代理人的选择。在委托人给出代理人的报酬方案 $s(x)$ 之后，代理人将根据此方案选择一个对自己最有利的投入行为 α，使其个人的期望效用最大化：

$$\int u[s(x)]f(x,a)\,\mathrm{d}x - C(a)$$

（三）委托—代理模型的约束条件

1. 激励相容约束。在现实经济环境中，委托人不能观测到代理人的行为，委托人选择 α 时就必须考虑对代理人选择投入行为的激励约束，即委托人选择的 α 能保证上述代理人的期望效用最大化。这一约束条件称为激励相容约束（incentive compatibility constraint，IC），其模型为

$$\int u[s(x)]f(x,a)\mathrm{d}x - C(a) \geqslant \int u[s(x)]f(x,a')\mathrm{d}x - C(a')$$

（对任何 $a' \in A$ 成立）

2. 个人理性约束。代理人的选择应受其参与条件（participative constraint）的约束，即代理人接受合约时得到的期望效用不小于不接受合约时能得到的最大期望效用。这里外部给定的这个机会效用，称为代理人的保留效用或机会效用，用 $\overline{U}$ 表示。参与约束又称为个人理性约束（individual rationality constraint，IR），其模型为

$$\int u[s(x)]f(x,a)\mathrm{d}x - C(a) \geqslant \overline{U}$$

综上所述，在代理人的投入不可直接观测的条件下，委托人的问题实际上就是一个有约束条件的效用最大化（或最优）的问题，其模型为

$$\max_{\{a,s(x)\}}\iint v[\pi - s(x)]f(x,\pi,a)\mathrm{d}x\mathrm{d}\pi$$

约束条件：

(IR) $$\int u[s(x)]f(x,a)\mathrm{d}x - C(a) \geqslant \overline{U}$$

(IC) 对任何的 $a' \in A$ 成立

委托—代理模型是分析信息控制作用的基本框架。委托—代理关系指任何涉及信息不对称的交易，具有信息优势的一方为代理人，他知道或将知道不为另一方（称为委托人）所观测的信息，这种信息不均衡将影响委托人的利益。首先它限制于讨论道德风险问题，即代理人的私人信息是他自己的行为。这时不为委托人所观测的是代理人的行为，并因此影响委托人的利益。但在代理人的行为决策之后，双方可以共同观测到一些变量，这些变量受代理人行为的影响，是一种关于代理人行为的不完全信息。委托人的问题是如何根据这些观测到的信息来奖惩代理人，以激励其选择对委托人最有利的行为。

上文述及，委托—代理关系及其模型是信息经济学理论及方法论体系的核心，它对会计理论研究的影响或作用既是广泛的（从空间范围来看），又是深远的（从时间跨度上看），仅在会计盈余质量研究方面的影响就至少包括以下方面：

（1）有利于多视角地解释会计盈余信息存在的原因及功能。会计学界对会计及会计信息产生或存在的原因的解释尚有争论。笔者认为，王永海（1999）从委托—代理关系的角度给出的解释颇有新意。该项研究表明，信息不对称是财务会计存在的基本原因。在委托—代理的企业组织结构中，财务会计向资产所有者提供规范的信息，其基本功能是消除财务会计信息的不对称。

（2）有助于准确分析会计信息的供求关系。从信息经济学的角度看，在会计信息市场中，会计信息的供求双方处于一个委托—代理结构中。在这个结构中，委托方（需方）难以观察代理人（供方）信息产生及供应行为，委托人基于代理人提供信息形成的决策效用最大化，取决于与代理人达成的合约，即会计准则、会计制度等的形成及在此基础上产生的激励方案。由此可以看出信息不对称、委托—代理与信息供求、会计准则、会计信息质量等因素之间的内在联系。依此思路展开的会计理论研究，体现了受托责任观与决策有用观的融合①，反映了会计理论研究的基本趋势。

（3）拓宽了博弈论在会计盈余信息质量特征研究中的应用空间。如上所述，会计盈余信息的供求关系是一种委托—代理关系，本质上也是一种利益博弈关系。博弈参与者包括股东、潜在投资者、董事会、经理层、债权人、独立会计师、政府等关注本企业会计信息及其质量的所有机构或个人。他们之间的博弈，将对企业会计盈余信息质量产生重要影响。可以预见，博弈论在这一方面的分析和研究中将扮演越来越重要的角色。

---

① 葛家澍：《会计基本理论与会计准则问题研究》，北京，中国财政经济出版社，2000。

第二节 不同投资者的信息决策差异分析

一、启发式投资者和贝叶斯投资者

上述各节的分析和讨论，隐含着的一个假定或前提，即所有信息使用者或参与市场的投资者都根据贝叶斯规则来利用他们的信息（私人的或者公开的）进行决策。在大量的经典经济学分析中，“依赖于贝叶斯规则”被认为是一个不证自明的惯用的前提假设。贝叶斯规则最显著的特点在于：它意味着遵守此规则的信息利用方式是最有效的。在市场中能够更有效地利用信息的投资者将从利用信息相对低效的投资者身上获利。一般认为，在一个较为成熟的资本市场，从市场参与者的整体行为来看，基本上还是符合贝叶斯规则的。也就是说，虽然每个人都严格遵守贝叶斯规则并不现实，但是所有投资者的整体行为是接近于“贝叶斯行为”的，即市场中存在“贝叶斯投资者”。

然而，学者们对现实市场环境中市场参与者遵守贝叶斯规则的程度也提出了大量质疑（Thaler，1993）。大量的实证数据表明，市场价格对信息事件的反应往往会偏离理性行为，投资者不能够严格地遵守贝叶斯规则，他们要么反应过度，要么反应不足，存在着不能用贝叶斯规则加以描述的投资者非理性行为，即启发式行为（heuristic behavior）。也就是说，即便投资者获得的会计信息是一致的，但是由于不同理性程度的投资者对信息解读和认知的差异，投资者利用信息的方式和效率也会不同，而这种信息解读差异同样会在资产定价过程中得到反映。[①] 为了能够说明这种影响，我们在下面的分析中，把部分投资者的行为用“按启发式利用信息”来代替贝叶斯规则，考察投资者信息解读差异对投资决策及资本市场均衡的影响。

二、不同投资者的信息解读差异模型

在模型建立之前，我们设定以下参数：

① 汪炜：《公司信息披露——理论与实证研究》，杭州，浙江大学出版社，2005。

（1）i 为市场中的投资者，x_i 为其不确定性资产的数量，b_i 为确定性资产的数量，s 为每个投资者拥有的关于不确定性资产的私人信息的准确程度；

（2）u 为不确定的资产价值，它是服从正态分布的随机变量，m 为其均值，精度 h 是资本市场中对 u 的共同知识；

（3）企业可披露的会计盈余信息为 y，其精度为 n；

（4）r 为投资者对风险的承受能力，即风险容忍度；

（5）会计信息披露 y 对市场价格的影响为披露反应系数（disclosure response coefficient，DRC），即披露精度与企业价值精度的比率；

（6）资本市场启发式投资者的比例为 π，理性的贝叶斯投资者的比例为 $1-\pi$，$0<\pi<1$；

（7）为了简便起见，假定投资者们不拥有任何的私人信息，并且每个投资者都拥有相同的禀赋，即对任何投资者 i，有 $s=0$，$x_i\equiv x$，$b_i\equiv b$。而且，由于启发式投资者的理性程度（在多大程度上遵守贝叶斯规则）与其实施启发式行为的程度相关，因此，假定启发式投资者当且仅当信息 y 时未遵守贝叶斯规则，其他时候都是遵守贝叶斯规则的。

据此，建立以下模型：

（1）投资者企业价值预期。贝叶斯投资者对企业价值的预期为

$$E[u|y]=m+\frac{n}{h+n}(y-m)$$

启发式投资者对企业价值的预期为

$$E_H[u|y]=m+\frac{n\theta}{h+n}(y-m)$$

当 $\theta>1$ 时，相对于 u 的无条件期望值 m，启发式投资者对于披露是反应过度的；当 $\theta<1$ 时，表明他们反应不足。

（2）资产价格模型。信息披露前，资产价格可表示为

$$P_{T-1}=\frac{1}{h+s+(rs)^2t}\left\{hm+[s+(rs)^2t]u-\left(\frac{1}{r}+rst\right)x\right\}$$

由于 $s=0$，于是 $T-1$ 时期的资产价格为 $P_{T-1}=m-\frac{1}{rh}x$，T 时期的

资产价格为

$$P_T = \frac{1}{h+n}\left[hm + ny + \pi n(y-m)(\theta-1) - \frac{1}{r}x\right]$$

因此价格变化的表达式为

$$\Delta P = P_T - P_{T-1} = \frac{n}{h+n}\left[(\pi\theta+1-\pi)(y-m) + \frac{1}{rh}x\right]$$

此时，$DRC = \frac{n}{h+n}(\pi\theta+1-\pi)$。当 $\theta>1$ 时，披露反应系数 DRC 大于全部是贝叶斯投资者时值。也就是说，如果启发式投资者对披露是反应过度，价格的变化将更多地依赖于披露。当 $\theta<1$ 时，披露反应系数 DRC 小于全部是贝叶斯投资者时值。也就是说，如果启发式投资者对披露是反应不足，价格的变化将更少地依赖于披露。

（3）投资者资产需求模型。根据前面的分析，贝叶斯投资者对资产的需求为

$$D_B = r\frac{E[u|y] - P_T}{Var[u|y]} = -rn\pi(1-\theta)(y-m) + x$$

利用均衡条件：$\pi D_H + (1-\pi)D_B = x$ 可知，启发式投资者对资产的需求为

$$D_H = r\frac{E_H[u|y] - P_T}{Var[u|y]} = -rn(1-\pi)(1-\theta)(y-m) + x$$

上述模型表达的基本含义是：在完全竞争的市场环境中，任何单个投资者的行动（或需求）都不能影响价格；当信息披露发生时，贝叶斯投资者将进行资产组合决策的调整，而启发式投资者的资产组合决策相对较差。因此，贝叶斯投资者的行为会优于启发式投资者，并最终把启发式投资者驱逐出资本市场，除非启发式投资者具有更优越的私人信息（Verrecchia，2000）。依此类推，会计盈余信息对不同的投资者的决策有着不同的影响，其市场反应亦随之而异。所以，我们应多角度、多层次地对会计信息含量进行考察和度量。

应当看到，我国的资本市场是一个新兴的市场，仅具有局部的理性（汪炜，2003）。其特征是，市场中存在着大量的不成熟、非理性的投资

者，他们对会计盈余信息的解读和利用能力较弱。投资者基于会计盈余信息的投资决策呈现出明显的同质化特点。因此，我们一方面要看到国内学者关于会计盈余信息含量及会计盈余信息决策价值研究（详见本书第一章研究文献综述的描述）日益深化的局面；另一方面，我们还应注意我国市场状况的特殊性，从会计盈余信息的供应和需求两个角度研究会计盈余信息的决策价值，以避免研究方向的偏离及研究结论的空泛。

第三节　会计盈余信息的成本与效益分析

一、关于会计盈余信息成本与效益的研究现状

传统会计以信息无成本或忽略信息导致的成本差异为假定条件，而在信息经济学理论框架下，任何信息都有其特定的成本，代理人与委托人的信息成本具有明显差异。成本效益原则在人类经济生活中具有广泛的适用性，有经济行为的地方就必然需要权衡这一行为的成本与效益。在会计信息的供应方面，成本效益原则是指企业在提供会计信息时，应该对此提供会计信息的成本和由此带来的效益。只有效益大于成本时，提供会计信息才是值得的，否则将不予提供会计信息。会计界关于会计信息成本效益原则的研究是围绕其重要性及会计信息的成本、效益的构成内容而展开的。SFAC No. 2 在其《会计信息的质量特征》中，将“效益大于成本”作为会计信息质量的普遍性约束条件，成为概念框架中非常重要的组成部分，并指出“提供财务信息的成本，大部分由初始的编制者承担，而效益则由编制者和信息用户分享”。Elliott 和 Jacobson（1994）从企业、潜在投资者和社会角度对会计信息的成本效益问题进行了研究，从广义的角度阐述了会计信息的成本效益问题，认为成本和效益的类型既可能是经济的、政治的，也可能是社会的、伦理的。AICPA 下属的财务报告特别委员会发布的《论改进企业报告：着眼于用户》对会计信息的成本与收益进行了界定，认为会计信息披露的成本包括处理和提供信息的成本、诉讼成本和竞争劣势，其收益包括宏观和微观两个层次上的资源配置优化带来的收益、保护消费者而带来的收益等。Beaver（1998）将会计信息披露的成本分为直接成本、间接成本和规范成本。其中直接成本包括披露的生产、鉴证、发

布、处理和解释的成本；间接成本包括关于企业竞争优势和法律责任披露的负面影响，这种影响可能导致管理当局和审计师以及其他人士等的无效风险共担；规范成本包括用于披露规范的开发、执行、生效和诉讼所涉及的成本，将会计信息的成本问题由企业成本延伸至会计准则制定的社会成本。

我国的会计学者对会计信息的成本效益问题的研究主要集中在会计信息成本的构成方面。杜兴强（2003）在借鉴 Watts 和 Zimmerman（1994）研究成果的基础上，将会计信息的提供成本分为显性成本和隐性成本。显性成本是相对而言能够确定和计量的成本；而隐性成本则是由不恰当的会计信息披露可能引发的企业丧失竞争优势地位及谈判有利地位等后果及其或有损失，大多是难以在事前确定和定量化的。晓远（1998）认为，会计信息的披露成本可分为可计量成本和不可计量成本。可计量成本包括信息收集和处理成本、审计成本；不可计量成本包括因信息披露导致的竞争不力，信息披露对管理者行为的约束等。刘新仕（2006）将企业的会计部门视同为信息的“生产车间”，并据此将会计信息的实际成本细分为“制造成本”和“检验成本”等。此外，邓小洋（1999）、李明辉（2000）及朱丹、屈腾龙（2000）等学者也从不同的角度对会计信息的成本效益问题进行了讨论和研究。他们的研究成果为本书的研究提供了可资借鉴的理论素材和思路。

二、影响信息供给行为的成本因素

上文提及，会计盈余信息生成内容及供给方式的演变与发展根源于会计需求的不断变化。但它是有限度的，只有当企业从会计盈余信息供应行为中所获取的收益大于其成本时，企业才会主动进行会计盈余信息供应。

会计盈余信息的成本是指企业为进行会计信息供应与披露而可能发生的一切支出项目以及由于某一披露行为可能为企业带来的损失（机会成本）。

（一）信息收集与处理成本

信息收集与处理成本是指企业为了对外提供信息所付出的收集信息及在对所收集的信息进行整理、分类、归纳、加工过程中所支付的成本。一般来说，这些成本包括会计信息系统的建设成本、会计人员的薪酬及信息收集与处理过程中所消耗的办公用品成本。会计信息系统的建设成本是指建立会计信息系统的有关的咨询费用、设备成本等，它一般是一次性投入而由公司存续期负担的成本。信息系统的建设成本还应当包括与会计人员有关的其他费用，如场地租金、人员薪酬、办公耗材等。这些成本与会计信息的需求呈正相关关系，提供的会计信息越多，会计信息收集与处理成本就越大。

（二）审计成本

审计成本是公司为了满足会计盈余信息中立性要求及增加信息的可信度而支付的成本。它包括内部审计成本和外部审计成本。对公司内部提供的信息，审计成本一般只包含内部审计成本；而对外提供的会计信息则包括内部审计成本和外部审计成本，此时内部审计成本也可以理解成是企业整个会计信息系统成本的一部分。一般而言，内部审计成本越高，会相应地使得外部审计成本越低；反之，外部审计成本就越高。

（三）信息披露成本

信息披露成本是公司对外披露信息时所支付的费用。公司对外界披露会计信息总是要通过一定的披露媒介进行，信息披露成本主要是指公司使用披露媒介而支付的费用。在同时进行网上披露时，还包括应支付给网络媒体的有关成本。信息披露成本一般与信息披露的量有关，而与会计信息本身的质量无关。披露的会计信息量越大，信息披露成本就越高；反之，信息披露成本就越低。

（四）竞争劣势成本

竞争劣势成本是指竞争对手或合作单位利用企业提供的会计信息，调整其经营策略或谈判策略，从而使企业在竞争中处于不利地位所引起的成本。导致竞争劣势的会计信息至少包括以下几个方面：(1）有关技术和管理创新的信息，如生产过程、更为有效的质量改进技术、营销技巧等。(2）有关企业未来发展的信息，如企业发展的战略、计划和策略、研究与开发的项目、新的市场目标等。(3）有关经营的信息，如分部门（地区）的销售和生产成本数字、市场开拓费用与营销预算、产品成本结构、人力资源开发与开支等。

这些信息的披露越是充分详细，就越有可能导致竞争劣势而增加企业信息披露的成本。事实上，此类信息往往又是投资者特别关注的，关系着投资者能否作出正确的投资决策。因此，如何既能满足使用者分析决策问题的信息需求，同时又使企业不会因此而处于竞争劣势，是目前企业会计信息披露所面临的难题之一。

竞争劣势成本不能简单地根据企业市场份额的减少来作为量化标准，因为由会计信息披露所引起的竞争劣势往往并不直接表现在当期或下期，要量化它往往并不容易。这里我们简单地引入“净竞争劣势”概念，即对一个特定的企业而言，从其他企业的信息披露中获得的竞争优势或者形成这种竞争优势的潜力，将伴随着企业自身的披露带来的竞争劣势。因此，竞争劣势成本在数量上就等于企业由自身的会计信息披露而引起的竞争劣势与企业从竞争对手的会计信息披露中获得的竞争优势之差。

（五）行为约束成本

对企业管理当局来说，由会计信息供应与披露而给其行为带来的限制也是一种重要成本或代价，我们称之为行为约束成本或行为管束成本（朱丹、屈腾龙，2000）。一家公司如果在年初披露了本年度的每股盈利预测值，管理人员就不得不在本年度内尽量采取恰当的措施，以保证到年末时目标值不会出现较大的偏差。这就意味着管理人员将有可能不愿意使企业在本年度内的收益最大化，从而降低股东的利益。行为约束成本的存在使企业高层管理人员往往不太愿意披露一些对他们的将来的行为可能形成约束的会计信息，如企业的盈利预测信息、企业的发展目标等，以免给自己增加无谓的压力。

（六）违规成本

违规成本是指公司在进行会计信息披露时，由于所披露的会计信息的量或质没有达到法律、法规及公认的会计原则的要求而被处罚所支付的成本。为了保护公司的利益关系人的利益，各国均对会计信息的披露作出了详细的规定与要求，公司不能违背这些要求。显然，违规成本与上述前三种成本（即会计信息的直接成本）呈反向变化，直接成本越高，信息的质和量就越高，违规的可能性及由此造成的违规成本就越低。反之，违规成本则越高。

（七）诉讼成本

企业可能会因为会计信息披露而引起法律上的争端。例如，尽管信息的使用者对企业未来发展的潜力非常关注，但企业一般可能不太愿意披露收益预测方面的信息。由于市场因素复杂性的存在，这些预测值并不完全由企业管理当局的主观努力所左右，而往往与实际的结果相差甚远，信息使用者可能因此要求补偿其信息差异造成的决策失误。我国在上市公司信息披露准则中规定：若年度实际经营结果与盈利预测存在重大差异，应对差异产生的原因进行较为详细的分析与说明；若实际经营业绩与盈利预测的差异达到20%的，证监会将对此进行调查，上市公司将可能因此而受到处罚。故而我国上市公司对盈利预测信息的披露除强制性的外，一般都不会再作更多的自愿披露。可见，由法律争端而可能引起的诉讼成本也是影响企业决定考虑是否披露或如何披露某类信息的一个重要因素。

（八）政治成本

在西方，如果一个企业在其财务报告中显示出其利润水平高于其他企业，政府往往会考虑其利润水平是否合理。如果政府认为该企业存在“超额利润”，便经常会采用一些行政手段来将其“超额”的部分予以平均化，使不同的主体共享。这样，企业就有可能因为其会计信息披露行为而承担“超额”的社会负担，如税收负担等，这种负担就是提供会计信息所引起的政治成本。它的存在显然会使企业在披露其会计信息时采取十分谨慎的态度，以尽量为企业减少麻烦。如此一来信息使用者就有可能得不到相关的具体信息以作出最佳的经济决策，从而影响了信息的相关性。政治成本在我国企业的会计信息披露中也有相当重要的影响。例如一些经营较好的企业，为避免合法税负以外的政府有关部门的非法摊派，在披露其会计信息时，采用少报、延期上报、故意隐瞒不报等做法来尽量减少或者甚至扭曲其会计信息的披露。

上述成本是公司供应会计盈余信息时的主要可能发生的成本。对于公司而言，如果没有相关的法律、法规和公认会计原则的制约，信息供应的质量与其总成本应当是同方向变化的。但在现代市场经济之下，由于有大量的法律、法规约束公司的信息披露行为，因此，我们认为如果公司披露的会计信息没有达到合规性的质量要求（关于合规性的质量特征的描述，详见本书中关于我国会计盈余信息质量特征体系的有关内容），就会面临惩罚而产生违规成本。这时虽然信息收集与处理成本等下降，但违规成本却上升，使得总成本无法下降。而违规成本本质上是一种法律规定的成本，是一种政策成本，其目标是使调控对象不能从违规中获益。因此通过对公司进行处罚而将公司的信息披露总成本维持在合规性所对应的成本水平上是合理的。当然，在特定的时期也可以通过加大处罚力度而将公司未达到信息质量的成本提高到满足合规性要求时的总成本之上，但一般而言，控制在同等水平是合理的监管政策。

三、影响会计盈余信息供给的非成本因素

成本与效益的观念在会计盈余信息披露活动中有很强的制约作用。除了这一因素以外，还有其他虽难以以数量和金额来计量，但对会计盈余信息的供给有很大影响的因素。

（一）经济业务信息的保密动机

公司作为社会经济生活中的独立法人，有其独立的利益。出于竞争的压力与需要，公司总是尽可能少地让外界了解其财务状况、经营绩效，对其成本信息、理财计划信息、新产品开发及投产等各种商业秘密，更是不愿意让外界尤其是同行竞争者知道，以保护公司的利益及经理层本身的利益。在这一点上，公司的所有者也不愿意让竞争对手了解更多的商业机密。只是在现代企业制度中，公司的所有者为了更好地对经理层实施受托责任的评价、控制与监督，就必须付出一定的代价，要求公司进行一定的信息披露。因此，保守商业机密的动机和行为，总体上是公司信息供应的一种限制性因素。

（二）公司治理结构

在市场经济下，公司的治理结构由两部分组成：一是外部控制即外部治理结构，即在企业外部形成的产品市场、资本市场、经理市场等。对经理人员而言，如果经营不善，其在经理市场就会留下不良记录，影响其事业的发展。二是公司的内部治理结构，即公司制下由股东大会、董事会和经理组成的三级结构。经理人员在公司的日常经营中具有很大的经营自主权。为了防止经理人员披露的会计信息失真，就又形成了一项重要的制度——财务报告的独立审计制度，以最大限度提高会计信息的质量。因此，产品市场、资本市场和经理市场等外部制约是否完善，公司内部的三级治理结构是否能够形成合理有效的权力分配与权力控制，对会计信息披露的动机与压力就会不同，也就会影响到披露的会计信息的质量。

（三）公司的会计政策与会计职业判断

公司对外披露的会计信息是经过公司的会计信息系统，依据会计基本理论，采用一定的方法经过整理、分类、加工而形成的。公司在会计信息的形成过程中采用什么样的会计政策、依据什么原则、采用什么方法对会计事项进行处理，这都离不开会计职业判断。会计职业判断的存在，将直接影响到会计信息的供给方式和内容。

（四）会计理论及会计准则的完善程度

会计理论的发展和完善程度是除会计信息披露成本以外的另一影响企业会计信息披露行为的关键因素。某一信息需求能否得到满足，在很大程度上受到会计理论能否合理解释预测并提供可操作方案的制约。理论上无法解决的东西在实践应用中必然受到限制。长期以来，随着经济全球化的加强和知识经济的飞速推进，企业的经济业务也日趋复杂并不断地在创新，走在了会计理论发展的前面，从而使得许多复杂的经济业务难以纳入或者较规范地纳入现行的企业会计信息披露内容之中。而关于这些新兴业务的信息可能正是使用者所特别希望关注和了解的，如复杂的表外筹资业务、衍生金融工具的使用、人力资源的信息以及企业所担负的环境和社会责任等。因此，具体会计准则的不完善，也为企业提供会计信息带来了相当的困难。进一步发展和完善会计理论的研究，加强会计准则的建设，将是增进企业信息披露质量的主要途径之一。

（五）政府监管的态度

事实表明，政府对企业会计信息供给行为的监管并不与信息使用者的需求完全吻合。因此，从使用者的角度来看，政府通过法规对企业会计信息披露行为的影响有时可能过大，有时也可能过小，始终是处于调整状态的。另外，政府对企业会计信息披露行为的监管也受到其自身成本的制约，包括组织成本、研究成本、对企业的监督成本以及由于措施不当而造成的企业信息成本的上升，从而对企业会计信息的供给行为造成影响。

（六）自愿披露的动因

在会计信息供给的实践中，还存在着一些企业在法定的供给要求以外，主动向外界披露一些非法定披露内容的情形，我们称之为自愿披露。显然，自愿披露将为信息使用者提供更多的相关信息，但披露更多的自愿性资料将需要付出额外的成本。为了使公司的价值能达到最大，管理层会尽力地去控制公司的资本成本，其中一种措施就是通过披露更多充分可靠的信息以增强投资者对公司未来发展的信心。Mertom（1987）的研究表明，在其他情况相同的情况下，公司可通过自愿披露使更多的信息使用者了解公司，从而不断扩大公司投资者的规模，增加公司价值。Diamond和Verrecchia（1991）的研究也曾表明，自愿披露降低了公司与市场间信息不对称的程度，从而增大了公司股票的交易量。

四、会计盈余信息供给的效益分析

公司对外提供会计盈余信息的目的与对外提供其他产品的目的是一致的，即要获得一定的效益。这里，我们借鉴刘新仕（2006）[①] 的思路，将会计盈余信息供给的效益划分为两类，即微观效益和宏观效益。前者主要是会计盈余信息供给为信息供应者带来的效益，后者则主要是为市场或社会层面作出的贡献。

（一）关于会计盈余信息的微观效益

1. 会计信息披露与企业融资成本。公司特别是上市公司，其主要的资金融通方式依托资本市场的权益性融资。在社会资本量一定的情况下，各企业都试图以尽可能低的资本成本来获取尽可能多的资金，竞争是非常激烈的。市场中的资本价格取决于企业的经济风险（以有效信息为基础）以及无风险报酬率。在某一特定时间内，无风险报酬率是相对固定的，而经济风险报酬率则随着披露程度的提高而降低。在一个有效的资本市场中，完全的信息披露可以使投资者比较充分地了解企业的过去，帮助投资者更好地理解预期投资的经济风险并在此基础上对企业的未来作出合乎理性的预测及投资决策。正如我们在分析信息的决策价值时所描述的那样，信息披露旨在尽可能降低对未来的不确定性，降低投资者的决策风险。低风险使得投资者满足于较低的投资回报率，从而使企业的资本成本降低；反之，不完全的信息披露将加剧投资者的风险，高风险性要求更高的回报率与之相对应，从而导致企业资本成本上升。当然，会计信息披露所带来的资本成本的降低，其前提是资本市场的有效性，即股票价格能对会计信息

① 刘新仕：《上市公司会计信息成本效益的对策研究》，载《财会通讯》（学术版），2006（6）。

作出正确、及时的反应。会计界关于会计信息含量的卓有成效的研究对此问题作出了充分的解释和论证。

2. 会计信息披露与公司治理机制。在企业的委托—代理结构下，公司治理实际上就是要解决资产所有者与管理者之间的信息不对称问题，也就是如何激励约束管理者的行为以实现投资者利益最大化。现代企业股权的分散性决定了投资者对管理者实施直接监督的不经济性或不可行性，因而借助于会计信息进行的间接监督成为监督的主要形式之一。上市公司完善的信息披露体系已经成为以市场为基础控制公司行为的重要手段，是股东有效行使投票权的核心也是董事会对管理层决策活动履行监督的主要依据，还是制订管理者薪酬计划的主要依据，也是影响公司行为和保护投资者的有力工具。只有当投资者获得了企业真实、可靠和足够详细的信息后，才可以对企业管理者的经营状况作出正确的评价，以决定自己的投资决策；而管理者也正是通过定期的会计信息披露行为，以表明自身对受托责任的履行情况，以取得投资者的信任和相应的薪酬。因此，会计信息的披露行为已经成为现代公司治理的一个重要工具，是企业管理者与投资者互相沟通的桥梁。有效的信息披露不仅是上市公司的持续责任，也促进了公司治理结构的进一步完善。

3. 会计信息披露与企业形象。良好的信息披露可以改善和提升公司的公众形象从而给公司带来间接的效益，如产品销售规模的扩大、人才招募环境的改善、政府监管的宽松、信用等级的攀升等。其最终结果将是企业有形资产或无形资产的增加。

（二）会计盈余信息的宏观效益

从会计盈余信息对市场或整个社会经济系统的贡献来考察，会计盈余信息具有以下宏观效益：

1. 会计信息供给与资本市场效率。在现实经济中，资本市场资源配置功能日益突出。资本市场充分发挥其资源有效配置功能的前提是该市场的有效性和流动性。在委托—代理结构中，信息不对称是影响其有效性和流动性的关键因素。投资者与企业之间信息的不对称导致了投资决策的逆向选择，阻碍了资本市场资源配置功能的发挥。从信息经济学的角度看，财务会计信息产生于信息不对称，服务于信息不对称。充分的会计信息供给或披露是降低信息不对称的“良药”，是促进资本市场有效性和流动性提高的有效措施，从而实现社会资源配置的帕累托最优，促进社会财富的增加，提高整个社会的经济效率和国家的综合竞争力。

2. 会计信息披露与社会资源集约化。完善的公司会计信息供给体系可以通过以下方式提高生活资源的集约化程度：一是投资者由于具有充分的信息，因此可以有效降低投资决策的成本；二是公司间会计信息的共享，有助于经济契约的形成及交易费用的降低；三是公司会计信息透明度的提高，将进一步降低政府监管成本；四是高质量的会计信息作为公司业绩评价的基础，有利于有限的社会资源向优质公司或具有发展潜力的产业集聚，提高社会资源的利用效率。

值得注意的是，会计信息供给的各种效益的取得，并不直接表现为其成本的补偿。普通商品是将商品销售给商品的使用者，使用者同时按照商品价格支付一定的资产，商品的提供者通过销售价格高于商品的生产成本而获得收益，而会计信息披露带来的收益则不同，信息的使用者通常并不实际直接支付一定资产给信息的提供者。直观地看，信息使用者使用信息是无偿的。只有当信息使用者通过会计信息增加对公司的认识而对公司有新的资源投入（资金等），或者为公司拓展市场等创造了有利条件时，信息的供应成本方与其效益联结起来。

五、会计盈余信息成本与效益的计量

（一）成本与效益分析的基本假设

（1）会计信息供应者是理性的，其提供会计信息的目的是追求自身效用极大化。（2）假设企业追求自身效用极大化时的信息供应量为 Q_1，成本为 PC_1，产生的效益为 PE_1。（3）会计信息需求者对企业会计信息的理想需求量为 Q_2，与此对应的信息成本为 SC_2，产生的效益为 SE_2。

（二）关于盈余信息的边际成本与效益

会计盈余信息提供者作为“理性的经济人”，其提供信息的前提是边际私人效益大于边际私人成本，当二者相等时，其提供的信息量达到最优，即 $MPC_1(Q)=MPE_1(Q)$ 时的信息量 Q_1，此时企业提供信息的效用达到极大化。信息提供者对其自身效益最大化不断追逐的可能结果是信息的社会或宏观效益的每况愈下及会计信息市场的失灵。在这种情况下，信息的监管机制应运而生，其目的是促使企业在披露信息时不仅关注企业效益，更要重视社会效益，实现社会效益的极大化。在理想的管制状态中，企业提供的盈余信息 Q_2 使得其边际社会成本等于边际社会效益，即 $MSC_2(Q) = MSE_2(Q)$，这时信息的社会效益达到最大化，信息引导资源配置的作用得以充分发挥，社会资源的配置达到最佳状态。显然，企业此时将付出较高的信息成本，其微观效益可能下降，这与其追逐自身效益最大化的初衷是背道而驰的。另外，会计信息管制机制引发的成本上升及市场效率下降问题，也使得理想的信息量 Q_2 可望而不可即。这样，比较可行的选择是在 Q_1 与 Q_2 之间寻找最优的信息量，尽量降低信息提供者拥有的私人信息量，提高信息使用者需要的信息量，即将会计盈余信息的边际效益曲线 MSE_3 介于 MPE_1 与 MSE_2 之间，边际成本曲线 MPC_3 介于较低成本曲线 MPC_1 与较高成本曲线 MSC_2 之间。由此勾勒出 MSE_3 与 MPC_3 的交叉点 Q_3，它是企业现实提供的信息量。此时，会计盈余信息的微观效益与宏观效益达到了均衡状态，即实现社会效益的极大化。

上述关于会计盈余信息成本效益的探讨更多的是一种理论分析，它的学术意义明显地大于它的实际应用价值。其原因在于会计盈余信息成本补偿机制的特殊性及效益的不确定性。企业在进行成本效益分析时，很大程度上依赖于会计人员的职业判断。受此影响，企业通常对信息成本、效益的概念和内容缺乏全面的认识，仅仅以满足会计法规、准则的最低要求为宗旨。因此，未来的研究方向将是在如何使企业更加关注会计盈余信息的成本与效益以及如何有效地对这些成本和效益进行计量等方面。

第三章　基于不对称信息理论的会计盈余信息质量研究

非对称信息理论主要研究信息不对称情况下最优交易合约的设计问题。非对称信息理论是信息经济学的起源，它改变了西方经济学中的一些传统观念并已成为西方经济学家建立理论模型的基本前提。在某种意义上说，非对称信息理论就是狭义的信息经济学①，由此可见非对称信息理论的重要性及其研究价值。

非对称信息理论的研究方法和内容特点使其具有广泛的应用范围，通常，凡是涉及信息不对称情况下的合约安排问题都可以用该理论来研究设计。在会计盈余信息质量研究中引入非对称信息理论有助于解释会计现象和拓展会计研究领域，并且可以对传统会计研究工作中一些无法解决的问题提出解决原则和思路，大大开阔了会计研究工作的视野。本章以不对称信息理论为基础，对会计盈余信息质量的内涵进行拓展性研究。

第一节　会计盈余信息不对称的信息经济学解释

一、信息不对称理论的基本论点

传统经济学认为，市场是万能的，通过自由竞争可以实现市场资源的有效配置。但这是以市场交换无摩擦为假定前提的。而越来越多的人在经济生活中发现，由于信息不对称现象的存在，自由竞争的市场未必能有最高的效率。Akerlof（1970）最早研究了二手车市场的信息不对称问题，即著名的“柠檬问题”。通过对旧车市场的研究，他发现当市场的卖方对产品的质量拥有的信息比买方更多时，就会导致出售低质量产品情况，即产

① 马费城：《不完全信息与非对称信息》，载《情报理论与实践》，2003（1）。

生逆向选择行为。这一奠基性研究，可以用来解释资本市场中由信息不对称导致的一系列问题。

Spence（1973，1974）的研究，确认了在信息不对称的市场上，市场参与者将调整自己信息发布的重要方式，即拥有更多信息的一方，为了得到更好的交易效果，会采取一些令人可信的方式将信息发布给信息相对缺乏的另一方。这一研究表明，发出一定的信息或信号，可以产生某种提示作用。比如，在就业市场上，求职者的受教育程度就可以作为一种重要的信号；在资本市场上，公司盈余信息的发布，可能导致股价的变化；等等。

斯蒂格利茨（1974，1975，1977）从信息相对缺乏一方的角度研究信息不对称问题。他认为，拥有信息较少的一方应采取相应的调整措施，以获取足够或有利的信息；政府必须在市场系统中扮演强有力的角色，以避免不对称的信息对信息劣势者造成的伤害。在与 Grossman（1980）的一项合作研究中，他们认为，如果市场在信息上是有效的，即所有信息均可在市场价格上得到反映，经济主体就不会有兴趣去获得蕴藏在价格之中的信息；如果市场的一部分参与者比另一部分参与者知道得多，那么，信息有效均衡就不会存在。20 世纪 80 年代以来，许多学者将这些理论引入到金融市场领域，研究不对称信息对资本市场的制约，从而为政府实施相应的监管措施提供令人信服的理论依据。当然，由此去审视会计盈余信息的监督和约束机制，审视会计准则等制度、规范存在的合理性，也不失为一种恰当的方法或思路。

二、会计盈余信息不对称的含义及其内容

会计盈余信息不对称，是指外部使用者（资源提供者）、管理当局和会计人员在对会计盈余信息了解程度上存在差异。按照不同的标准，会计盈余信息不对称的具体内容包括：

1. 从参与的主体来看，会计盈余信息不对称包括内部的不对称和内部与外部之间的不对称。内部不对称，是指管理当局与会计人员之间的信息不对称。管理当局由于不亲自参与会计的确认、计量、记录和报告过程，因此，他们对企业经济活动的了解往往不及会计人员本身。所谓内部与外部之间的不对称，是指股东、债权人等外部会计信息使用者所掌握的会计

信息不及管理当局和会计人员。

2. 从不对称的表现形式来看，会计盈余信息不对称包括时间和内容两个方面的不对称。从时间上来看，信息的提供方（会计人员）了解信息要早于信息的需求方（管理当局和外部使用者），而管理当局又要早于外部使用者。从内容上来看，会计人员、管理当局、外部使用者三者之间的信息量呈现递减分布特征。但更为重要的是，出于种种目的，尤其是从自身利益出发，会计人员可能向管理当局隐瞒会计信息，以及会计人员与管理当局合谋向外部披露虚假或不全面的会计信息，从而造成三者之间信息质量也呈不对称分布状态。

3. 从其存在的时间与契约签订时间的不同上来看，分为外生的和内生的信息不对称。外生信息不对称是由当事人在签约之前的客观状态如行为特点、工作能力与态度等引起的。内生信息不对称是在契约关系成立后当事人的行为造成的参与契约的一方对另一方的行为无法实施有效的监督、控制，因而无法获得对方真实的行为信息。

三、会计盈余信息不对称的原因

由信息经济学的基本原理可以知道，会计盈余信息不对称的原因在于委托—代理关系的存在。企业是相互合作的大量生产要素所有者达成的书面或非书面的契约。契约的一方当事人为资产的所有者即委托人，契约的另一方当事人为资产的使用者即代理人。由于所有权和经营权分离，委托人（股东）成为企业的“外部人”，代理人（经理）成为企业的“内部人”。委托—代理关系下，委托、代理双方效用函数是不一致的。经济社会实际上是通过一系列正式或非正式的契约来完成社会分工并进而组织起来的，这些契约构成了一个经济社会的基本制度，并直接左右着经济运行的效率。这里所说的契约实际上就是委托—代理关系。

以此角度来观察会计行为，可以发现，围绕着会计行为有两层委托—代理关系。第一层委托—代理关系是资源提供者（包括股东、债权人、政府、公众等外部会计信息使用者）与管理当局之间的资源经管委托—代理关系。资源提供者把资源交付给管理当局去经营，并以努力程度、经营状况等方面的评价给予奖惩。第二层委托—代理关系是管理当局与会计人员之间的报告委托—代理关系。管理当局委托会计人员向自己和外部使用者提供会计信息，一方面利用会计信息对委托资源进行经营，另一方面向资源提供者（委托人）报告资源的经营状况，履行受托人的义务。会计工作实际上处于两层委托—代理关系之中，因此必然会造成外部使用者、管理当局与会计人员之间存在信息差别。

信息供应成本的存在也是造成会计信息不对称的原因。会计信息是由会计人员向外部使用者和管理当局提供的，而会计信息从采集到处理再到输出这一过程是复杂的、有偿的，也就是说它具有成本，并且由企业来承担。会计信息成本包括处理和提供会计信息的成本（内部成本）、因信息披露而引起的诉讼成本和竞争劣势等外部成本（详见前文的分析）。这些信息成本的存在，使得企业往往不愿披露过多的信息，进一步造成了会计信息的内外分布不对称的局面。

四、会计信息不对称的表现

（一）逆向选择问题

逆向选择是委托、代理双方在达成交易前的信息不对称造成的。逆向选择问题是一个内部信息在对外提供过程中出现的问题，它的产生来源于一些诸如公司管理者和其他内部人员比外部投资者掌握了更多的有关公司当前状况及未来状况的信息。管理者和其他内部人员可以通过各种途径，以牺牲外部者的利益来谋取他们的信息优势利益，表现在证券发行市场上，将会产生低盈余质量公司将高盈余质量公司驱逐出资本市场的逆向选择问题。

我们以资本市场的公司初次发行股票（IPO）为例加以说明。为此，假定:（1）市场根据公司的报告盈余确定该证券的发行价格，公司经营期限为单一期间，不考虑风险因素，即发行价格等于盈余与无风险利率的贴现值的比率。（2）拟发行股票的公司为公司 A 和公司 B。（3）设定 A 和 B 的账面盈余相等，但盈余质量存在差别，A 的盈余质量高，计为 2 个单位；B 的盈余质量低，计为 1 个单位。（4）无风险收益率均为 10%。

在信息对称的情况下，投资者了解两个公司的财务信息，公司股票定价反映了公司的内在价值。此时，公司 A 的发行定价为 20（2 ÷ 10%），公司 B 的股票定价为 10（1 ÷ 10%），两公司股票得以顺利发行。

在信息不对称的情况下，市场仅仅根据管理当局的报告盈余确定发行价格。在存在盈余管理的情形下，有可能出现低质量的证券模仿高质量的证券的情况，使得公司 A 和公司 B 的报告盈余趋同甚至相等，都是 1.5 个单位，发行价格均为 15（1.5 ÷ 10%）。对于公司 A，其真实的盈余质量为 2 个单位，在当前市场环境下的发行价格应该为 20，但由于信息不对称，市场上认可的发行价格只有 15，其投资价值被低估，它因此将寻找其他的融资渠道，从股票市场退出。对于证券 B，由于盈余质量低，盈利能力差，在当前市场环境下的发行价格应为 10，而在信息不对称的环境中，它能够以根据报告盈余确定的价格 15 发行，其投资价值被高估，因此愿意留在证券发行市场上实施 IPO 行为。这样，虽然是相同的报告盈余，但留在证券发行市场上的是盈余质量差的证券。

人们考虑了这种逆向选择的情况，所以在进行市场设计时采取了一些缓解逆向选择的机制设计。信息中介机构就是为了缓解市场中的信息不对称问题而设计的契约制度安排。这些信息中介机构凭借自身的声誉向投资者提供公司盈余质量的保证，从而减少市场中的信息不对称。

（二）道德风险问题

道德风险是指委托、代理双方在达成交易后，于执行合同的过程中，经营者利用自身占有的信息优势进行寻租败德，提供虚假会计信息，以便在最大限度地增加自己效用的同时作出的不利于所有者及外部信息使用者的行为。由于信息的不对称性，委托方远离企业或找不到真正的代表时就处于信息的劣势，契约诚信就失去了动力。企业领导人在委托方无法有效监督、利益和责任机制存在障碍的情况下，为了追求短期化行为，便会利用手中职权指使会计部门造假，提供有利于己方的会计信息，会计诚信缺失不可避免。从信息经济学的角度分析，委托人与代理人都是理性人，各自追求自身利益的最大化，即股东追求企业财富最大化，管理当局则追求在一定努力水平下的高报酬和低惩罚。对此，我们将在会计盈余信息的供求博弈和我国会计盈余信息质量的影响因素分析中作进一步的描述和论证。

第二节　不对称信息条件下的会计盈余信息质量内涵

一、以不对称信息理论为基础的会计盈余信息质量研究范式

学术界对于会计盈余及其质量的研究和探讨，已经走过 40 余年的历程，产生了一批颇有影响的研究成果，成为会计研究中与资本市场结合最为密切的一个区域。其中，以信息经济学的不对称信息理论为基础的会计盈余质量研究，形成了信息观、计量观、契约观的研究范式，逐步成为这一研究领域的主流。对其进行梳理和分析，有助于我们更深入地理解和界定会计盈余信息质量的内涵。

（一）信息观与会计盈余信息质量的内涵

信息观（informational perspective）产生于对长期占据会计学理论统治地位的经济收益观的争论和发展。经济收益观（economic income perspective）又称真实收益（盈余）观。持这种观点的会计学家认为，会计的目的是为了通过特定的会计确认、计价等程序得到企业的“真实收益”。这种观念会自动引出两个问题：其一，企业存在“真实收益”，既然存在“真实收益”，那么它就可以成为一种价值判断标准，用来规范企业的会计行为；其二，应该存在一种会计程序和方法，可以计算企业的“真实收益”。美国学者爱德华兹（Edwazs）和贝尔（Bell）将经济收益定义为“主观收益”。意指该收益虽然真实、可靠，但计量方法、计算能力使其大受局限，在会计实务中不具有可操作性。多年来，学者们把是否接近经济收益作为衡量收益确认真实的标准，寻找经济收益的确认、计量方法。因此，在信息观提出以前，会计学家争论最多的是何种是“最好”和“应该”采用的会计方法。①

信息观的代表性观点体现在 Beaver 的《财务报告：一场会计革命》（*Financial Reporting*：*An Accounting Revolution*）一书中。信息观认为，在市场不完全和充满不确定性的现实经济中，任何会计方法都不可能得到企业

---

① 陈国辉：《会计理论研究》，大连，东北财经大学出版社，2001。

的“真实收益”。会计盈余数字的功用是向投资者传递某种有助于判断和估计经济收益的“信号”（signal），而不是经济收益本身。如果会计盈余数字的确能扮演这种信号角色，那么我们必然可以观察到投资者在接收到该信号后对未来股票价格各种可能状态的概率分布的估计会发生改变。在信息观下，研究者通常使用事项研究的方法（event study）来探讨会计盈余报告的信号功能及其特征，模型的因变量通常是股票的报酬率，因为股票报酬率是股价变动的结果，这与信息观有关投资者“信号”改变的概念相吻合。

与经济收益观下一味追求会计数据的精确计量而将真实收益作为衡量偏差的基准不同，会计盈余信息观强调的是会计数据的“信息含量”（information content）这一统计特征以及由此产生的信号功能（陈天睿，2002）。如果企业管理当局披露的会计盈余具有足够的信息含量，能尽可能公正无偏地反映企业过去的财务状况和经营成果以及具有可据此对企业未来的经营活动作出合理预期的能力，那么市场在接受到企业会计数据的信号后会作出积极的反应，通过股票价格的涨跌使资源流向高质量的企业，从而实现资源的有效配置。显然，这种观点是以市场信息不对称为前提的。信息观还假定企业管理当局拥有私人信息。在现实生活中，由于与外部信息使用者的效用函数不一致，企业管理当局为谋求直接或间接的私人利益，利用自己的信息优势想方设法“修正”会计数据，以误导会计信息使用者的不良盈余管理行为也必然存在。但在有效资本市场假设前提下，企业管理当局的这种盈余管理行为能够被市场识别，由盈余管理行为导致的账面盈余差异不会导致股价的明显波动，从而会降低存在盈余管理行为下的会计盈余信息与股价的相关系数。因此，在会计盈余信息观下，可用会计盈余信息与股价的相关系数，即盈余反应系数（earnings response coefficient，ERC）作为会计盈余信息质量的评价标准。市场对会计盈余信息的反应程度越高，即 ERC 越大，说明其会计盈余信息质量越好。此时，会计盈余信息质量的内涵就是会计盈余信息对市场股价的关联度，即信息含量。

（二）计量观与会计盈余信息质量内涵

计量观（valuation perspective）产生于信息观出现以前，并随着信息观的发展而走过一段由衰落到日益壮大的艰难历程。信息观以前的计量观亦称古典计价观，主张应该而且能够准确计量企业每一项资产、负债和权益，得到企业的“真实收益”。[①] 此后，信息观得益于对信息经济学理论、方法的借鉴与融合，在会计界的影响力日渐强大。在此背景下，建立在完全市场（complete market）、完善市场（perfect market）和不存在不确定性的假设基础上的古典计价观的会计理论就颇受质疑和批评。古典计价观随之日趋衰落，直到20世纪80年代后期才开始借助Ohlson（1988，1991）、Feltham（1991）、Penman（1992）等学者的开拓性的研究工作，经过对其自身的修正而重新成为一个与信息观相并列、相互补充的研究框架（周浪波、杨琼，2005）。

当代计量观与古典计量观的区别在于，前者关注会计信息对资产定价（股利的决定）直接起多大的作用，而后者试图解释会计信息是如何完全反映和决定资产价值（股价）的。在信息观下，会计盈余信息只是一种“信号”，会计盈余与股价之间是一个“暗箱”，它需要通过另外一种更有解释力的变量（股利）才能与股价相联系；而在当代计量观下，会计盈余被赋予了与股价的直接联系。计量观方法的目的在于设计一个模型来说明会计信息应该怎样转换到股票价格中去，然后根据该计量模型所测算的股票内在价值与实际市价相比较，可以确定股价是高是低，同时可以判断市场是否有效。Ohlson 和 Feltham（1991）首次将股票价值和股东权益账面价值及未来盈余联系起来，提出了市值/账面净值计量模型（market - to - book model），从而确立了会计盈余在决定股票内在价值中的直接作用。该计价模型以资产负债表为研究重心，以股价水平而非信息观下的股价变动水平作为因变量。

市值/账面净值比率取决于未来各期的预期净资产收益率和未来各期的每股净资产。估价时点的每股净资产取材于企业对外公布的资产负债表。净资产收益率是市场以企业已公布的历史会计盈余信息为基础，运用随机游走模型、时间序列分析等工具或由财务分析师对企业未来所作的预测。股票价格是市场对净资产收益率和账面价值所作出的预先反应。在有效资本市场假设前提下，市场对净资产收益的预测可以识别不同质量的会

① 姚立杰：《会计盈余有用性研究：回顾与展望》，载《北京工商大学学报》（社科版），2005（7）。

计盈余信息，即在相同的会计盈余数量水平下，市场对不同质量的会计盈余的企业将作出不同的预测。高质量的历史盈余信息导致乐观的预测，最终反映到股价上。因此，在会计盈余计价观下市值/账面净值比率可以作为会计盈余信息质量的评价标准，比值越大，表明企业会计盈余信息的质量越高。

（三）契约观与会计盈余信息质量内涵

契约观（contract perspective）的奠基者是美国罗彻斯特大学的 Watts 和 Zimmerman。他们认为一切会计理论都是利益集团为推行符合自身利益的会计政策而制造的借口，是不科学的，只有研究利益集团之间对会计政策的主张和选择、旨在解释和预测会计实务而不是规范会计实务的理论才是客观和可行的。为此他们提出了“实证会计理论”（positive accounting theory）这个概念，在深入分析了传统会计理论体系的缺陷后，及时地将企业代理理论引进新的会计理论体系，以契约成本为核心概念，建立了实证会计理论的构架。

按照 Jensen 和 Meckling（1976）的论述，企业作为一种组织只是法律上的虚构，其职能是为个人之间的一组契约充当联结点，或者说企业是“一组契约的联结”（a nexus of contracts）。这一组契约的参与人可能包括企业投资者、债权人、经营者、员工、政府税收部门、消费者、供应商、社会公众、群众团体等各种利益相关人。在所有的企业契约关系中最难解决的是委托人与代理人之间的代理契约关系。如上所述，代理问题和信息不对称是紧密联系的。信息不对称会导致两种现象出现：逆向选择和道德风险。存在信息不对称，委托—代理关系中就会存在这两类问题，因此激励和约束机制是必不可少的。这时会计盈余信息的作用就凸显出来。在签约之前，会计盈余数据用于减轻信息不对称的程度从而尽可能减少委托人产生逆向选择的可能。在契约的签订和履行阶段，会计盈余信息参与各种契约的订立并监督契约的执行从而减少代理人“偷懒”的可能性。Watts 和 Zimmerman 认为：“那些有关产权和契约理论的文献认为，会计在制定契约的条款的实施中扮演着重要角色，会计盈余信息经常被用于各种契约（债务契约、管理人员报酬方案、公司章程及细则等），这些契约常常包括对各方行为采取的各种限制，而这些限制是以某些会计数据为条件的，因此产生了计算和报告这些数据的需要。”①

在信息观和计价观看来，如果会计盈余数据与股价变动或股价水平没有关联，则会计盈余数据就没有价值。而在契约观看来，即使会计盈余数据与股价没有关系，它仍然可能是有用的，因为它在构筑企业的各组契约中扮演着重要的角色。

按照契约论的观点，企业是由股东、债权人、政府、经营者等相关利益关系人构筑的一组契约的联结，各利益关系人通过契约明确各自的约定投入和产出。会计盈余作为产出计量的唯一系统化工具，构成了各组契约（包括签订、履行、变更）特别是债务契约和补偿契约的核心内容，而会计盈余信息本身的计算规则也成为这组契约的重要组成部分。由于会计盈余的计算不仅是一个技术的过程，且会产生广泛的社会经济后果，在成本约束的驱使下，会计盈余的计算规则并非以单个企业的单个契约形式出现，而是通过特定的政治程序产生，以“公共规则”即会计准则的形式出现。会计准则的公共契约性质表明，企业、股东、债权人、政府、人力资本所有者等都是准则这一契约的当事人，会计准则也正是各利益群体的代表相互博弈的结果。当然，会计盈余的计算除受会计准则这一“公共契约”的约束外，并不排斥单个企业相关利益各方在不违背会计准则的前提下，就一些特殊事项进行特别约定，如在企业章程中就财务会计事项作出特别规定，在企业内部财务会计制度中对具体的会计政策和会计程序作出选择。总之，在契约观下会计盈余信息的功能是为契约的签订和履行提供数据以降低信息不对称的程度，而会计准则、企业章程和企业内部财务会计制度对会计盈余计算过程的约束则为会计盈余信息这一功能的发挥提供了基础。因此，契约观范畴下的会计盈余信息质量可以描述为：企业的会计盈余信息对于各市场契约形成过程的支撑程度。

上述分析表明，虽然会计盈余信息质量的不同研究范式的研究角度各不相同，但基本上都体现了对信息经济学信息不对称理论的遵从和降低信息不对称程度的目标。这为我们进一步地概括会计盈余信息质量的内涵或本质奠定了理论基础。

---

① 瓦茨、齐默尔曼：《实证会计理论》，北京，中国商业出版社，1990。

二、关于会计盈余信息质量内涵的几点认识

基于以上分析，笔者认为，会计盈余信息质量的内涵至少可以包括以下要点：

（一）会计盈余信息质量的会计属性

会计盈余信息质量本质上是会计质量。我们研究和探讨会计盈余信息质量问题，不能脱离会计这一本质范畴。长期以来形成的关于会计的基本概念和理论，是理解和界定会计盈余信息质量的基础。由此，会计盈余信息质量首先应该是人们对会计行为结果的反应和评价。

（二）会计盈余信息质量的盈余属性

在一个会计系统中，盈余是联结所有会计要素的桥梁，资产、负债、成本、费用、收入、利润等要素无不与盈余紧密相连。会计盈余信息质量研究从主题上看是对盈余质量的研究，但实际上它几乎涉及了会计要素的所有内容。因此，盈余信息质量的研究经常被扩展到与盈余相关的各会计要素的确认和计量方面。

（三）会计盈余信息质量的信息属性

会计盈余的数字形态是以信息的形式存在和传递的。既然是信息，那么它就具有信息经济学框架下信息范畴的共同特征：一方面，它具有决策和控制价值，在会计文献中表现为决策有用观和受托责任观关于会计信息目标的相关论述，具体到盈余信息质量方面，就是对盈余的预测价值、反馈价值、中立性等特征的描述和论证；另一方面，盈余信息是经济组织提供的一项服务，它既受市场供求关系影响，又受成本效益原则制约，还应遵循商品交易的一般规则。在会计领域，这个规则就是会计信息相关者所公认的会计准则。

（四）会计盈余信息质量的质量属性

从信息经济学的角度来衡量，会计盈余信息的质量表现为会计盈余信息对于市场信息不对称状况的缓解程度，对其评价可以通过考察盈余信息的预测价值、反馈价值等指标来实现。它是经济组织提供盈余信息服务的目标。这一目标使经济组织的会计行为与市场体系联结起来，使会计盈余信息成为市场体系下各种契约关系的纽带。

综上所述，会计属性是会计盈余信息质量概念的本质特征，是其区别

于其他市场信息的根本所在；盈余属性强化了会计盈余信息质量对于会计要素的综合性和代表性的特点；信息属性突出了会计盈余信息质量与所有市场信息质量的共性，是以信息经济学理论和方法分析会计盈余信息质量问题的媒介；质量属性体现了人们对会计盈余信息质量概念所能达到目标的预期和憧憬。由此，我们可以将会计盈余信息质量的内涵描述为经济组织基于会计理论、方法计量和提供的盈余信息对于市场信息不对称状况的缓解程度。

第四章　我国会计盈余信息质量的影响因素及行为分析

我国的市场经济发展历史较短，经济法规不完善、市场机制不健全是其显著特征。受其影响，企业作为市场经济的基本组织，在产权结构、治理结构、会计行为等方面，形成了特定的盈余信息委托—代理关系。这决定了会计盈余信息质量的影响因素具有明显的中国特色。

第一节　影响会计盈余信息质量的人文因素

在我国，会计盈余信息质量经常受到人文因素的影响。这里，人文因素包括两方面的含义：其一，会计人员作为会计信息的供应的参与者，其技能、素质、需求、偏好等必然对会计信息质量产生影响；其二，会计人员是经济社会的一员，具有所有“社会人”的属性和行为特征，这些特征也必然对会计盈余信息质量产生影响。

一、会计人员自身因素对会计盈余信息质量的影响

（一）会计人员的技能

会计人员的技能是完成会计任务、实现会计目标的基本要求和条件，是影响会计信息质量的重要因素。无论会计政策的选择、会计方法的运用，还是具体会计科目的使用、会计账簿的记录、会计报告的编制，都需要会计人员具备相应的专业技能和专业素质。排除其他因素的影响，会计人员的技能与会计盈余信息质量呈正相关关系。

（二）会计人员的需求

按照 Maslow（1943）的研究，人们具有五个由低级向高级发展的需求层次。据此，我们可将会计人员的需求大致描述为：（1）职业技能需求，即追求专业技术水平的不断提高。（2）职业环境需求，即对优异职业环境

的向往。（3）专业贡献需求，即会计人员追求自我价值实现的需求。（4）职业报酬需求，即会计人员对其工作或贡献报酬的期望。它既包括经济（物质）报酬，又包括精神报酬，如职务、职称、荣誉、地位的提高等。所有这些需求的实现或满足，不仅需要会计人员自身的不断努力，而且还要受企业行为的影响。通常的情况是，规范的企业行为可以带来较高的需求满足程度及较高的会计盈余信息质量；不规范的企业行为，有时也能带来会计人员需求的某种满足，但它是以低劣的会计盈余信息质量为代价的。

（三）会计人员的职业道德

职业道德是会计人员在会计工作中处理会计事务的行为规范。会计职业道德规范会计行为是发生在会计工作的全过程中的，渗透性强，影响广泛。会计职业道德对会计行为的规范既不是完全自律的，也不是完全他律的，而是一种自律与他律相结合的规范，它把外在的约束转化为内在的行为动机。它要求会计人员具备多方面的修养，如正直、客观、独立、公允、忠诚、保密等。会计人员职业道德通过预选方式对会计信息质量产生影响：（1）会计人员的行为对职业道德的依赖性较大，职业道德在会计人员内心深处形成自我规范和约束，促使会计人员行为规范化，保证会计盈余信息质量。（2）职业道德可以有效地调整会计关系。对外，会计人员具备良好的职业道德时，可以摆脱企业管理层的操纵，客观、公正、真实地提供会计信息，以反映企业经营者代理责任的履行情况，满足外部信息使用者的需求。对内，具备良好职业道德的会计人员，能够主动地与企业各利益相关者进行配合和协调，形成良性的会计信息供需博弈环境，提高会计盈余信息质量。

应该看到，会计人员的性格、价值观、接受教育的程度、地位等因素，也会对会计盈余信息质量产生影响，但其基本上是与上述三个因素彼此影响、互为因果的关系。

二、会计人员的“社会人”特征对会计盈余信息质量的影响

会计人员作为社会人，其行为受到社会主流文化或传统的影响。在我国，这些文化因素主要包括：

（一）强烈的集体主义意识

我国的社会结构具有较强的凝聚力，社会成员的家庭意识、集体意识、国家意识在几千年的文明史中得到了巩固和发展，成为中华民族生存发展的精神力量。这种典型的集体主义文化，在会计领域的表现就是统一的会计法律，统一的会计准则，统一的会计管理，统一的会计信息供应方式。在这种背景下，会计人员过多地依赖于既有的会计法规和准则，不注重个人的专业判断，不强调行业内的自我约束，凡事皆希望由法律、法规、制度来规范和约束，对具体的会计处理过程中的新事物，缺乏应有的灵敏和果断处理的能力。在其他因素既定的情况下，会计信息的质量几乎完全寄托在会计法律的完善、会计准则的高质量方面。人们对完善的会计法规及高质量的会计准则的追求和企盼是可以理解的，但如何在这一过程中扶植会计人员必要的专业判断及培育会计行业自律的意识却是一个必须重视的问题。

（二）较高的权力认可程度

按照 Hofsteded 的权距理论①，我国是一个权距较大的社会。其特征是人们对于权力的分配充分地认可和接受，在行为上习惯于按权力高于自己的人或机构的意志行事。在会计方面的表现是会计人员及会计机构对企业管理层唯命是从，会计盈余信息是长官意志的体现。我们在每一个已曝光的重大的会计信息质量事件中，都可以体会到权力因素对会计盈余信息质量的致命影响。

（三）双重的会计角色

在我国，会计肩负着会计核算和会计监督的双重任务。会计核算是站在企业立场上，代表企业利益的行为；会计监督则是代表政府或国家的利益，对企业的经济活动进行监督的行为。会计人员对企业和政府的受托责任既含混不清，又相互矛盾。在这种情况下，会计盈余信息质量取决于政府与企业之间的博弈态势。由此，我们常常看到，在企业经营状况普遍欠佳、宏观经济形势走弱的情况下，政府开始出台积极的经济政策，企业发展环境变得宽松起来，企业的“势力”得以提升。此时，企业的创新和违规冲动十分强烈，其结果往往是一部分企业凭借政策的优势得以发展和壮

---

① 权距就是与权力的距离，表示人们对机构或组织权力分配的接受程度。

大，另一部分企业则浑水摸鱼，通过编造会计信息获取经济利益。相反，在企业经营状况普遍良好、宏观经济形势不断走强的情况下，政府开始出台消极的宏观调控政策，政府处于强势地位，而企业处于严格的监管之下，其会计行为日益收敛和规范，结果是会计盈余信息的质量整体较高。这一点在我国的证券市场的表现尤为突出：股市持续强势的时候，各种监管措施相继出台，企业治理不断改观，会计盈余信息质量随之提高；股市持续疲弱，政府极力推出各种利好措施推动股市走好之际，也正是爆发大面积会计违规之时。

（四）普遍的从众心理

在倡导集体主义的社会结构中，人们具有普遍的从众心理。我们常说榜样的力量是巨大的，原因在于在从众心理的支配下，大多数人都有向榜样目标积聚和靠拢的意愿。当规范被群体所接受时，就会成为控制和影响群体成员的手段。群体会创造一种环境，使其成员受到很大的压力而顺从群体的规范，使人产生一种从众行为。从众心理下，当一个成员发现自己的意见和行为与群体不一致的时候，他会感到一种心理紧张，使他趋向一致。一般说来，群体的从众心理对会计群体行为的影响是潜移默化的，它对于促使成员遵守群体规范、统一行为、实现群体目标具有重要作用。如果一个企业在整体上形成了一种重质量、守信用的群体环境，那么，企业的会计人员的从众行为的结果就是相对高质量的会计信息。相反，如果一个企业甚至它所在的地区总体上欺诈成风、舞弊盛行，那么，会计人员在从众心理的支配下的行为结果通常是质量低劣的会计信息盈余。当然，我们不能否认“出污泥而不染”者的存在，但这属于个案，无法改变会计盈余信息质量整体不高的局面。

三、法律环境对会计盈余信息质量的影响

法律是由国家制定或认可并由国家强制力保证实施的反映统治阶级意志的规范系统。在我国，法律对会计盈余信息质量的影响是广泛的、深远的。这里，我们分三个方面进行简单地分析。

（一）法律与会计模式

会计模式是指一定环境下，会计活动的各种要素按照一定的逻辑进行综合描述，反映各种要素基本特征及其内在联系及结构形式的有机整体

（于玉林，2001）。在我国，法律制度影响经济的一个显著特征是经济政策法律化。会计活动受到政府的严格管制。会计准则体现在法规之中，属于典型的“立法会计”，或“法典性会计”。它决定了我国的会计模式具有以下特征：会计法规制定的主体是政府，会计信息质量监督的主体是政府，会计信息的主要使用者是政府。政府成为一切会计活动的主导。

（二）法律与会计政策

学术界关于会计政策影响会计盈余信息质量的命题已无争论。值得我们进一步关注和研究的是会计政策与法律的关联及其对会计盈余信息质量的影响。这里，仅讨论股利政策这一核心会计政策与法律的关系。股利政策作为企业的核心会计问题之一，一直受到各方的关注。综观有关股利分配理论的研究成果，股权结构理论、信号理论和代理成本理论是较具信服力且对我国股利政策有借鉴和指导作用的理论。其中又以股利分配代理理论最为引人关注。在近几年有关股利分配代理理论研究的进展中，最重要的突破就是从法律角度来研究股利分配的代理问题。其主要研究结论揭示了会计政策与法律的密切联系：（1）股利分配是法律对股东实施有效保护的结果，即法律使得小股东能够从公司“内部人”那里获得股利。（2）法律不健全的情况下，股利分配可以在一定程度上替代法律保护，即在缺乏法律约束的环境下，公司可以通过股利分配这一方式，来建立起善待投资者的良好声誉。（3）受到较好法律保护的股东，愿意耐心等待当前良好投资机会的未来回报，而受到较差法律保护的股东则没有这种耐心，他们为了获得当前的股利，宁愿失去良好的投资机会。

（三）法律与会计盈余信息质量

上文提及，在现有的会计模式下，会计盈余信息质量取决于会计法规完善程度和会计准则的质量状况。由于会计法规的完善和高质量会计准则的制定面临着成本与效率的选择，是一个长期的循序渐进的过程，因此，一味地依赖会计法规获取会计盈余信息质量的全面提高，将会是一种漫长的等待。比较现实、有效的选择可能是，在对这种目标或理想的追求过程中，充分发挥会计学术团体和职业团体的力量，培育会计行业自律的氛围，拓展会计人员发挥专业才智的空间，以探索从根本上改善会计盈余信息质量的措施与方法。

第二节　我国会计盈余信息质量的产权特征

我国企业的会计盈余信息质量不仅受上述人文因素的影响，而且与企业的所有制性质密切相关。在现实条件下，我国的企业按所有制性质的不同，大体上可以划分为民营企业、国有企业、外资企业及混合型企业（如已上市的公众公司等）。正是这些企业所有制的不同及治理结构的差异，造成了企业当局提供会计信息的目标、行为及质量的差异。由于民营企业和公众公司在我国经济结构和经济总量中具有代表性（它们分别是最少股东型公司和最多股东型公司的代表）[①]，因此在这里被作为分析研究的重点。

一、民营企业会计盈余信息质量的影响因素

（一）股权结构

一般而言，民营企业的产权主体是唯一的，虽然有时股东可能有多个，但这些股东常常是真实股东股权的代持者或代理者，既不参与企业管理，更不参与分红。在我国目前的社会、经济环境中，相当多的民营企业业主将其股权实施虚拟分散化。事实上，业主既是企业产权的唯一所有者，又是公司运行的管理者，集剩余索取权与监督权于一身。在这种机制下，会计人员以所有者的利益为核心提供会计信息。显然，股权的高度集中、所有权与经营权的重叠将造成会计信息博弈主体的简化、会计盈余信息质量制约和评价机制的失效。

（二）企业目标

民营企业的经营目标是业主利益最大化。这一目标决定了企业的行为方式是尽可能地筹措资金，尽可能地扩大收入，尽可能地降低成本。在固定成本相对稳定的条件下，困扰企业的主要成本因素是政府税收。由此，企业盈余信息的主要使用者是银行和政府，会计盈余信息的质量取决于企业与银行、政府的博弈行为及结果。

---

① 外商独资企业的股东也可能只有一个，但其母公司通常股权较分散；若其母公司的股东是唯一的，那么就可将其视为民营企业。

基于民营企业的上述特点，我们对其会计盈余信息质量作出以下基本评价：(1) 从相关性来看，会计盈余信息对于产权所有者的决策有较大的相关性，但对债权人和政府的相关性较小。(2) 从可靠性来看，会计盈余信息对产权所有者有较强的可靠性，对其他信息使用者则较弱。(3) 从中立性来讲，会计人员在选择会计方法、会计政策方面带有某种偏见性是难以避免的。

二、上市公司会计盈余信息质量的影响因素

（一）我国上市公司的基本特征

1. 国有企业改制的产物。在我国，上市公司出现于20世纪90年代初，它是经济体制改革逐步深化的产物，其总体上来源于国有企业的股份制改造。“上市公司的出现不是古典企业制度发展的自然结果，而主要是在否定、改造计划经济企业制度的过程中被嫁接到企业中去，并被赋予改革国有企业的使命”（胡汝银，2003）。在股权方面，要么是国有股“一股独大”，要么是股权相对集中，第一股东持股份额显著高于第二、第三股东。这一特点使得第一大股东或股权相对集中的股东利用控股地位支配公司董事会和监事会，造成公司治理结构畸形，借此制约机制失衡。

2. 壳资源的稀缺性。上市公司能成为壳资源是由我国证券市场的特定情况所决定的。长期以来，政府对公司上市资格的管理采取的是审批制，尽管近年来已改为核准制，但基本上还保留着浓厚的行政审批色彩。能够上市的公司只占企业总数的一小部分，大部分公司由于种种原因并不能获取上市资格，上市额度成为一种配额，成为一种稀缺资源。因此，上市公司哪怕是千疮百孔，不再具备持续经营能力，蜕变为一个“壳”，也被视为一种资源。在资本市场中，各利益相关者为保护和争夺这种资源的博弈一直在进行中。

3. 企业盈利状况的先天不足。我国证券市场建立之初，正是国有企业经济效益日益滑坡之时。大多数上市公司是由原来的国有企业剥离或合并而成，借助于关联母公司和大股东的鼎力相助，“创造”条件上市的，公司内部经营机制和盈利能力并未随着公司上市而发生实质性的改变。在此情况下，许多上市公司上市后马上出现亏损，另一些公司虽有盈余，但与现金的流入并不匹配。

（二）会计盈余信息质量的影响因素

1. 股权结构。股权结构是指有关各投资主体之间的股份比例关系。它包括两层含义：一是股东结构，即不同投资主体之间的股份比例，如国有股、法人股、社会流通股等之间的比例关系；二是股权集中度，即一家公司前几位大股东的持股比例关系。股权结构是公司一切权利和义务配置的基础，是公司激励的动力和源泉，它决定着公司治理整体的有效性，最终影响会计盈余信息的质量。

（1）关于股权集中度。在同一资本市场内，不同的股权集中度将产生不同质量的财务报告。在公司内部治理不完善的背景下，股权相对集中的股权结构更容易衍生出“内部人控制”的治理弊端。从一定意义上讲，股权过度集中是导致我国上市公司会计盈余信息质量不高的主要原因之一。

（2）关于股东结构。股权结构是监督权力与激励动力的基础，而不同身份的股东在监督和提高会计信息质量中所发挥的作用不一致，因此，不同的股东组合会导致会计盈余信息质量的差异。一般认为，拥有一定股权的董事更有可能去质疑和挑战管理层的建议，因为管理层的决策将影响他们的财富。对于董事而言，股权是较好的激励动力，促使他们去主动监督管理层，提高会计盈余信息的质量。从对管理层的激励角度来看，管理层入股可以在一定程度上减缓委托人与代理人之间的目标函数差异，减弱管理层利用信息强势地位进行盈余操纵的动机。我国上市公司的大部分董事为国有股权的代表，管理层也是由行政任命，两者持股的比例较少，难以形成产权的激励。允许董事与管理层持有较高股权比例，调整经理层的利益目标函数，可以缓解外部股东与经理层的利益冲突、降低经理层操纵利润的动机，从而提高会计盈余信息质量。国有股权的产权主体为政府。与个体产权主体不同，政府是一个非人格化的主体，缺乏类似个体的逐利动机。国有股权对公司的控制表现出产权上的超弱控制和行政上的超强控制，从而容易形成“内部人控制”，而且行政上的超强控制会诱使管理层提供虚假财务报告或操纵盈余数字，以迎合行政考核与评价；产权上的超弱控制会弱化国家股权所有者对管理层监督的有效性，为管理层机会主义行为提供可能。因此，国有股权越大，公司就越有可能发生虚假会计信息或盈余管理行为。

2. 董事会的特征。董事会是接受股东会的委托，代表全体股东对管理层进行监督。它既是代理人也是委托人，在公司内部治理过程中发挥着重要的作用。董事会的主要职能是决策与监督，其中包括对公司会计盈余信息生成过程的监督。然而这种监督的有效性在很大程度上取决于董事会的特征。

（1）关于董事会的规模。对于董事会的有效性而言，董事的规模是一个重要的影响因素。学术界有关董事会规模与会计盈余信息质量的实证研究结论并不一致。孙永祥（2001）的研究发现董事会规模和公司绩效之间负相关。沈艺峰等（2004）认为董事会规模过大是 ST 公司董事会治理失败的原因之一。刘立国等（2003）发现，董事会规模虽然与会计舞弊行为呈正向相关，但并不显著。从我国上市公司普遍存在“内部人控制”的现实分析，董事会规模越大，越有可能被内部人所控制，从而成为会计盈余信息质量的负面影响因素。

（2）关于独立董事。上市公司独立董事是指不在公司担任除董事外的其他职务，并与其所受聘的上市公司及其主要股东不存在可能妨碍其进行独立客观判断的关系的董事。一般认为，独立董事可以更有效地监督经理层。COSO 的报告《内部控制——整体框架》发现，舞弊公司的独立董事所占比例比不存在舞弊的公司要小，舞弊公司中独立董事的比例仅 28%，而不存在舞弊的公司的相应比例为 43%。这一点得到了经验研究的证实。我国上市公司执行董事占董事会的比例越大，公司就越可能发生会计舞弊行为（刘立国等，2003）。

3. 审计委员会。上市公司审计委员会的基本目标是对外提供高质量的会计信息。独立性、专业性及勤勉性是对审计委员会的基本要求。

（1）关于独立性。我国上市公司的监事会有行使监督的职权，但监事会的成员主要由公司的内部人员构成，在管理层次上隶属于总经理领导，不可能达到对经理人的有效监督。成立具有超然独立性的审计委员会可视为会计盈余信息质量的重要保障机制。

（2）关于专业性。除独立性之外，董事会与审计委员会的会计或财务专业性也受到中介机构和管理机构的广泛关注。但是，若董事会与审计委员会检查公司财务报告的时间和精力是有限的，即使其成员中拥有会计或财务专家成员，也难以确保一定能够发现会计报告中存在的问题。同时，财会专家成员的存在有可能使其他成员放松警惕。在这种情况下，若财务专家未能履行责任，审计委员会会变得更低效，从而难以保证会计信息质量。

（3）关于勤勉责任。审计委员会的首要职能是监督公司财务会计报告的过程。它以会议的形式定期与公司的外部审计师与公司内部的财务经理沟通，检查公司的财务报表、审计过程和内部会计控制系统来实现其职能。勤勉责任是指公司的审计委员会积极主动地参与公司治理，以完成其监督职责。显然，在独立性、专业性可以保证的情况下，公司审计委员会的勤勉责任的履行与会计盈余信息质量呈正相关关系。

4. 新股发行（IPO）。上文述及，发行新股在我国仍然是一种“稀缺资源”，若发行成功，不仅可以为企业募集到巨额资金，而且为企业的股东投资者及经营者带来巨大的收益，许多企业因此把发行股票的实质看做圈钱的手段。作为股票发行者，其目的是希望投资者购买其发行的股票，会本能地向投资者宣传甚至夸大企业的业绩，以提高公司的实力及股票的发行价格。然而并不是任何企业都具备股票发行和上市股的资格。在发行股票带来的巨大利益的诱惑下，不具备或不完全具备规定的条件的企业将人为地调节或编造会计盈余信息，骗取股票发行资格，误导投资者。

5. 再融资。大多数上市公司成功上市的目的是为了更方便地在资本市场上融通资金，如增资配股进行再融资。如果失去了配股资格也就失去了公司上市的本来意义了，因此，为了取得配股资格而粉饰会计信息特别是盈余信息的冲动并不亚于首次发行股票。其中原因不外乎两个方面：其一，许多上市公司是经过众多财务包装而上市的，因缺乏良好的经营基础，其资产运作的质量不高已是公开的现实，原本的绩优股一夜之间就可能成为垃圾股。因此，此类上市公司在上市后需要进行不断的增资配股进行圈钱，以掩盖其资产运作的低效，满足股东预期愿望。其二，上市公司规模扩大，因自身业务发展需要更多的资金，配股或增发股票对于上市公司而言是十分重要的再融资工具。尤其是近年来，配股增资在上市公司“壳”资源的影响下相对其他融资方式而言，是资金渠道最畅，不用还本、风险最低的一种筹资方式。

6. 保“壳”行为。一些公司在股票发行之后，由于上市使得会计包装产生的高估利润已被冲回，因此股票发行年度后经营业绩的下滑，甚至在成功上市后出现难以持续经营的现象，从而面临监管机构处罚及终止股票上市交易的局面。这对上市公司本身及其股东、企业经营管理人员、企业主管部门来说，其不利影响是显而易见的。在这种情况下，他们仍然从会计盈余信息方面做文章。常用的方法是：上市公司在出现亏损的头一年或两年中采用现行会计准则所允许的应计制会计处理方法，预计一些损失或多摊一些费用，彻底将以前年度的潜亏全部处理掉，或尽可能地将以后的费用提前预计，使得后期费用减少，为以后扭亏为盈打下基础。

7. 间接融资。资金是在市场竞争中取胜的重要条件之一。银行等金融机构出于风险考虑和自我保护的需要，一般不愿意贷款给亏损企业和缺乏资信的企业。为获得金融机构的信贷资金或其他供应商的商业信用，经营业绩欠佳、财务状况不良的企业难免不对其会计报表修饰打扮一番。另外，银行等债权人为了保护自己的利益，在提供贷款或信用时，往往与企业签订了许多限制性借款契约，如不准发放超额股利，不进行超额贷款，计提一定比例的偿债准备金，营运资金或股东权益不得低于特定水平等，使得企业不敢轻易违反有关条款，否则会招致很高的违约成本。债务契约的存在会从不同角度、不同程度诱使管理层利用会计政策和程序选择权乃至提供虚假财务会计信息来达到自身效用的最大化。

8. 市场形象与市场套利。在证券市场上，公司大股东和上市公司的管理层更清楚公司资产的质量和发展前景，相对于潜在的投资者而言，他们拥有内幕信息，通过对会计盈余信息的调节与修饰，释放出业绩良好的信号，以达到改善二级市场形象的目的。另外，中国股市发展仍处于不成熟阶段，二级市场投机盛行。上市公司和机构投资者串通，通过人为操纵会计信息，进行二级市场的投机与炒作。再者，由于上市资格的稀缺性，众多的非上市公司试图通过购并达到借壳上市的目的。购并谈判中最关键的是购并价格。业绩优良的上市公司的股权无疑具有较高的交易价格，因此上市公司有可能为购并增加筹码或与收购方达成利益同盟而进行会计盈余信息的更改和调节。

9. 税务策划。通过税务策划，规避和逃避税收行为，也是影响上市公司会计盈余信息质量的重要因素。我国的税法体系还不健全，与会计法有许多矛盾之处，而且税收政策优惠颇多。对企业管理者而言，税法的优惠便为其开展盈余管理提供了弹性空间。管理者会选用适当的会计政策和方法条件调节应税收入，从而有资格按照顾性税率缴纳税金。另外，会计政策和方法上的灵活应用，可以直接为企业带来现金收益，少交、迟交或免交税金，意味着现金流入。

10. 经营者的激励与评价。经营者（经理人）激励机制的核心是使经营者的个人利益与企业的利益挂钩，使经营者也成为企业剩余索取权的享有者，从而使股东目标成为经营者目标，消除激励经营者的利益障碍。可见，激励机制在协调经理与股东之间利益偏差的同时也决定着经理自身的利益分配格局。然而，企业的盈余有实际盈余与报告盈余之分，报告盈余是激励机制评价经理人员的主要依据。可以预见，在信息不对称与经理人拥有会计政策选择权的前提下，一定的激励机制特别是与会计数字有关的激励机制会引发经理人直接从事某些非生产性劳动（如贿赂会计人员、独立董事、直接造假等）以改善报告盈余、操纵报告信息的动机。

第三节　新会计准则对上市公司会计盈余信息质量的影响

2006 年 2 月 15 日，我国财政部发布了新的会计准则体系（以下简称新会计准则）。这是中国会计准则建设史上的里程碑事件。虽然此次发布的企业会计准则体系还是会计准则建设的阶段性成果，尚未完全达到高质量会计准则的目标，但是，它毕竟强化了为投资者和社会公众决策提供有用会计信息的新理念，首次构建了与我国社会主义市场经济相适应、与国际会计准则趋同、涵盖企业各项经济业务、可独立实施的企业会计准则体系，实现了我国企业会计准则建设的新跨越和历史性突破。

一、新会计准则的创新与发展

（一）关于会计目标理论的借鉴

会计目标是会计理论研究的起点，它制约着会计准则对会计信息质量特征的界定和定位。关于会计目标问题，会计界的争论一直是围绕受托责任观和决策有用观展开的。新会计准则借鉴和吸收了这两种会计目标理论的思想内核，力求实现“评价受托责任”和“决策有用”的融合，将财务会计报告的目标描述为“向财务会计报告使用者提供与企业财务状况、经营成果和现金流量等有关的会计信息，反映企业管理层受托履行情况，有助于财务会计报告使用者做出经济决策”。这表明，新会计准则是对主流会计理论的借鉴，是对原有会计准则体系（包括会计制度）的创新与发展。

（二）关于会计信息质量特征的重新界定

新会计准则基于上述财务报告的目标的界定，将会计核算一般原则表述为财务报告使用者对“会计信息的质量要求”。新会计准则与2001年《企业会计制度》比较，由13个原则变为8个原则：(1) 将横向可比性与纵向一致性进行合并。(2) 将权责发生制提升到基本前提层面。(3) 将历史成本计价降低到会计计量原则的操作层面。(4) 删除了配比原则。因为，会计分期假设与权责发生制基础涵盖了配比要求。(5) 遵循国际惯例删除了划分收益性支出与资本性支出原则，将会计信息质量特征概括为客观性、相关性、可比性、及时性、明晰性、重要性、谨慎性和实质重于形式等八个方面。

（三）关于会计要素的概念更新

新会计准则对六个会计要素的定义都作了重新诠释，纠正了原基本准则中的循环定义、模糊不清等问题。新会计准则从会计要素的本质特征出发，将资产（负债）描述为“预期”经济利益的流入（流出），将收入（费用）定义为“当期”经济利益的流入（流出）。对于所有者权益概念，新会计准则强调了它与资产、负债等会计要素的关系，明确了所有者权益的性质即剩余权益。此外，新会计准则补充界定了“利得”与“损失”要素，增加了对资产、负债、收入、费用要素的确认条件，使会计要素的概念与确认的关系更加明晰，即对符合定义但不符合确认条件的会计要素，不能予以确认。

（四）关于会计计量属性的多样化

新会计准则列出了可使用的五种计量属性：历史成本、重置成本、可变现净值、现值、公允价值。相对于原基本准则只允许使用历史成本计量属性的规定，新会计准则扩大了会计计量政策的选择空间，尤其是公允价值概念的运用更是历史性的突破。由于公允价值计量属性在西方国家已经被广泛运用，所以这一修订是新会计准则体系与国际会计准则接轨的重要标志之一。

（五）关于具体准则的延伸与扩展

在具体准则方面，新会计准则包含的38项具体准则中，除了对原有的16项具体准则进行了修订外，其余的22项均为新增准则。原来的16项具体准则侧重于普通工业企业，新会计准则扩展到金融、保险、石油天然气、农业等众多特殊行业领域，并纳入了金融工具、套期保值、年金、股份支付等新的业务类型，覆盖了各类企业的各种经济业务，填补了我国市场经济条件下新型经济业务会计处理规定的空白。

1. 资产减值准备的计提。新会计准则规定，资产减值损失一经确认，在以后期间不得转回。这是新会计准则与国际财务报告准则的实质差异之一。而“利润上升，多提减值准备；利润下滑，再将减值准备冲回”，曾是上市公司调节利润的手段之一。新会计准则的实施，将是对上市公司上述利润调节办法的有效遏制。

2. 债务重组。新的债务重组准则规定：由于债权人让步，债务人获得的利益将直接计入当期收益，进入利润表，而原会计准则要求将该项收益计入资本公积。同时，在引入了公允价值计量属性后，以物抵债，将以公允价值计量。新会计准则还增加了只有在“债务人发生财务困难的情况下”的前提条件，这个前提条件旨在压缩不恰当地确认债务重组利得的空间。其存在的合理性是，一个时期以来，对于陷入财务困境的上市公司，控股股东出于维持公司业绩和避免出局的考虑，往往通过债务豁免来输送利润。

3. 存货。新会计准则取消了后进先出法的存货计量方法，要求一律采用先进先出法记账。这一规定对生产周期较长的上市公司将产生一定的影响。原采用后进先出法、存货较多、周转率较快的企业，采用新的存货记账方法后，其毛利率和利润将出现不正常的波动。

4. 非货币性资产交易。新会计准则中规定了按照非货币性资产交换处理的两个前提条件，即该项交换是否具有商业实质，交易各方之间是否存在关联关系。然而，是否具有商业实质的判断仍然存在灰色地带，容易给企业舞弊者以可乘之机。

5. 合并报表的变革。新会计准则合并报表范围的确认更关注实质性控制，母公司对所有能控制的子公司均需纳入合并范围，而不一定考虑股权比例。所有者权益为负的子公司，只要是持续经营的，也应该纳入合并范围。这一变革，将对上市公司合并报表利润产生较大影响。新会计准则使得母公司必须承担所有者权益为负的子公司的债务，并会使一些隐藏的或有债务显现出来。

6. 所得税会计处理的变革。新会计准则引入了计税基础的概念，强调暂时性差异①，要求企业在取得资产负债时，确定其计税基础。资产负债的账面价值与其计税基础存在差异的，应确认所产生的递延所得税资产或递延所得税负债；当适用税率发生变化时，企业应对已确认的递延所得税资产或负债进行重新计量。这意味着新会计准则对“债务法”这一纳税影响会计法的接纳和对“应付纳税法”的排斥。由于1994年以来我国绝大多数上市公司采用的是应付纳税法，因此，新会计准则关于所得税会计处理的变革，将对上市公司的盈余信息产生较大的影响。

二、新会计准则的缺憾与不足

（一）理论体系的不完善

1. 关于会计信息质量特征。总体上看，新会计准则既是基于会计概念体系的内容而形成的会计基础理论，又是以法规形式规定的会计规范。法规的形式是条文化的，一般不重视条文之间的内在逻辑推理，更不可能像英美国家会计准则机构那样，采用符合人们认知规律的层次结构图，这一点注定了我国基本会计准则只能采用罗列式表述。它不便于阅读者理解这些会计信息质量要求之间的内在逻辑联系，以及哪些质量要求是主要的质量要求，哪些质量要求是主要质量要求的次级质量要求。这样一来，会计准则在经历了形式上的转换后，不再具有完整会计质量理论体系的本质属性，而是内化于我国法律体系的会计法规。

2. 关于公允价值。公允价值是新会计准则引入的一个全新的计量理念。尽管金融系列准则、企业合并等具体准则全面引入公允价值，修订后的“债务重组”及“非货币性交易”也恢复了公允价值的计量，但鉴于基本会计准则确立了历史成本及稳健性原则，新会计准则在总体上对公允价值采取的还是一种若即若离的态度。这表明，我国会计界关于公允价值的争论仍在继续，准则制定者对公允价值的立场还处于摇摆不定之中。因

① 原企业会计制度中采用的是损益表法，强调的是时间性差异。

此，与其说新会计准则在公允价值借鉴方面是一个突破，不如说它是一种象征，它预示着对公允价值的理论、计量模型、适用环境、应用效果等研究、争论进一步深化的开始。

（二）会计准则目标与会计准则形成机制的差异

如上文所述，新会计准则的历史性突破在于对受托责任论和决策有用论会计目标思想精华的借鉴和发展，实现了会计信息由“满足国家宏观经济管理的需要”向“为财务会计报告使用者提供与企业财务状况、经营成果和现金流量等有关的会计信息，反映企业管理层受托履行情况，有助于财务会计报告使用者作出经济决策”的根本性转变。可见，新会计准则的宗旨是为了形成可以向各信息使用者提供会计信息的规范。但会计准则在其形成机制方面的一些特点，可能使上述宗旨或目标难以体现和实施。

1. 强烈的政治色彩。总体而言，我国会计准则在制定机制方面，更多地体现了政府的意志。从一定意义上说，我国现行准则是政府的一种制度安排，是一种未经博弈的选择行为，大大约束了准则制定的充分博弈，不利于准则的完善与发展。

2. 准则制定者的代表性不足。会计准则是会计理论通往会计实务的桥梁，这就决定了准则的制定既要有理论界的代表又要有实务界的代表参与。会计准则既有许多方法、程序和技术性的评价与选择问题，又有各种利益的协调问题。为了协调各方的利益，准则的制定人员应是各种利益群体代表。我国准则制定人员代表性的缺乏，主要体现在其所代表的利益主体的单一性，因为会计实务人员是结合在组织的利益主体之中的。从目前来看，参与准则起草的成员，大多是技术型的政府官员或学者。他们在总量上、结构上都难以达到令人满意的代表性。多元化的经济，造就了多元化的利益集团。从法理上讲，这些集团的利益需要法律和法规给予均等的重视和保护。因此，在今后的准则制定和完善过程中，如何进一步提升参与人员的代表性，仍然是一个不可回避的问题。

3. 准则制定主体的垄断性。我国《会计法》明确规定财政部是全国会计事务的最高管理机构，会计准则的制定实际上是由财政部会计制度司负责。作为一个政府职能部门，会计司在准则的制定过程中必然要较多地考虑国家宏观调控的需要，在政策倾向上更多地体现国家整体利益。由于政府与其他利益主体的地位不完全对等，政府主体在政治力度的对比和资源配置权力上处于优势地位，它的制度供给能力和意愿成为决定制度变迁的方向、深度、广度和形式的主导因素，并且，准则一旦制定，政府可以利用行政手段使这些准则得到实施，这就使得企业等利益主体在会计准则的制定过程中处于被动地位，博弈空间较小。因此，当博弈环境发生变化而没有新的有效的会计准则加以规范时，博弈的其他方作为"理性的经济人"必然要践踏会计诚信，通过提供虚假会计信息来谋求自身利益的最大化。

（三）新会计准则下公司可能用来对盈余进行调节的手段

1. 利用债务重组或非货币性交易调节盈余。新会计准则中的债务重组交易以公允价值计量，并允许债务人将产生的债务重组收益计入当期损益，非货币性交易中以公允价值确认换入资产并确认置换收益。这对公司当期利润产生重大影响，上市公司的控股股东可能会在公司出现亏损的情况下，或者出于维持公司业绩，维护公司稳定发展形象需要，进行债务重组，确认重组收益，或者以优质资产换劣质资产的非货币性交易。

2. 利用无形资产调节盈余。新会计准则对无形资产研究开发费用的费用化进行了修订，将企业无形资产的研发划分成两个阶段，并允许开发支出予以资本化，这将增加企业资产价值，增加开发企业的收益。这一准则操作的关键是正确划分两个阶段。虽然新会计准则对公司的研究阶段和开发阶段的定义进行了明确区分，但是，在实际操作中，由于无形资产研发业务复杂，研究和开发两个阶段将很难明确划分。

新会计准则中，对无形资产的摊销不再仅仅局限于直线法，提出了按照反映与该无形资产有关的经济利益的方式摊销其价值的方法，并且摊销年限也不再固定。因此，企业可能会通过调节无形资产的摊销年限或方法来进行盈余管理。

3. 利用借款费用调节盈余。新会计准则规定，如果相关资产的购建或生产占用了专项借款之外的一般借款，被占用的一般借款的利息支出允许计入资产，这就扩大了可予资本化的借款范围。这样企业为了达到增加盈余的目的，扩大利息资本化范围，可以采用一定的手段使专项借款之外的一般借款的利息支出符合计入资产的要求，或者将已完工的固定资产长期作为在建工程核算，既延长了利息支出计入资产的时间，又减少了折旧的计提。

综上所述，新会计准则的面世，是我国会计发展史上的里程碑事件，标志着会计准则建设工作取得了重大的进展，但新会计准则在理论体系方面、在基本准则与具体准则的协调方面、在形成机制方面还需要进一步探索和完善。因此，我们应循序渐进，立足国情，稳步推进会计准则的国际化，努力构建高质量会计准则体系。

第四节 我国上市公司调节会计盈余信息质量的行为分析

一、利用关联交易进行盈余管理

在我国制度安排存在先天不足的情况下，由于各关联方在经济上并不是彼此完全独立的个体关联方，特别是大股东利用其在上市公司董事会的控制地位，促使非公允的关联方交易产生，并决定双方的交易条件，使得交易有可能偏离市场公平交易的原则，成为实现某些特殊目的（如力争获得配股资格，避免亏损及摘牌等）的盈余管理方式和手段，因此，从性质上看，关联方交易是限额交易。①

关联交易的广泛存在并成为我国上市公司实现盈余管理目的的第一选择是由我国特殊的政治和经济背景决定的。从我国上市公司的生成机制来看，大部分上市公司是由原国有企业改制而成，其中相当一部分上市公司由于整体上市会导致资产收益率过低，同时又受到新股发行额度的限制，在改制上市的过程中选择了“主体上市，原企业改造为母公司”的模式，即集团公司总资产中的一部分剥离出来，模拟其营业收入和费用，虚拟出一个新的会计实体——股份公司。这种有违资产盈利整体性规律的人为剥离，使得上市公司与集团公司、各关联公司之间不可避免地存在着千丝万缕的关联关系。

（一）以非公正市场价格进行购销活动

由于企业上市前资产剥离的不彻底，上市公司与集团公司之间普遍存

① 限额交易是指有权力的若干参加者之间达成协议的谈判，握有权力的若干人把联合企业的利益或负担分派给企业的各个成员。

在同业竞争现象，在原材料采购、产品销售业务中存在着大量的关联事项。在我国，较为普遍的做法是为了扶植上市公司，集团公司往往以低于市场的价格向股份公司提供原材料，又以较高价格买断并且包销股份公司的产品，从而在原材料的供应渠道和产品销售渠道向股份公司转移价差，实现盈余的调节。

（二）委托经营或受托经营

受托经营是近年来关联交易公司之间进行盈余管理的一大创新，这主要是为了使上市公司获得“保底利润”，实现其“必需”的经营业绩。

（三）转嫁费用负担

股份公司改制上市时，一般都将企业的非生产性资产剥离出来，上市后仍需要关联公司提供有关方面的服务，因此上市前各方都会签订有关的支付和分摊标准的协议。这些项目引起的资金往来是我国上市公司关联交易的重要内容之一。各项服务收费的具体数量和摊销原则因外界无法准确知道其是否合理，操作弹性较大。目前常用的做法是，当股份公司经营不理想时，集团公司或者调低上市公司应交纳的费用标准，或者承担上市公司的相关费用，甚至将以前年度已交纳的费用退回，从而达到转移费用、增加盈余的目的。

例如，某 VCD 上市企业 1998 年中报将本年原有巨额广告费 8 807 万元挂作长期待摊费用，并计入当期损益。事后，公司董事会决定将今后广告费用分为商标宣传费和产品促销宣传费，上市公司的控股股东承担占广告费总额的 92% 的商标宣传费，上市公司仅承担广告费总额的 8% 的产品促销宣传费。

（四）资产租赁环节的盈余调节

一段时期以来，上市公司与其集团公司之间普遍存在着资产租赁关系，包括土地使用权、商标等无形资产的租赁和厂房、设备等固定资产的租赁。由于各类资产租赁的市场价格难以确定，租赁行为已成为上市公司与集团公司等关联公司之间调节盈余的便利手段。同样使用面积的土地使用价格可能有天壤之别，有关信息即使披露，投资者也无法作出准确判断。而商标类的无形资产价格弹性则更大。上市公司盈余水平不理想时，集团公司调低租金价格或以象征性的价格收费，或上市公司以远高于市场价格的租金水平将资产租赁给集团公司使用。有的上市公司将从母公司租来的资产同时以更高的租金再转租给关联同属公司，虚增股份公司的其他业务利润。

（五）资金占用费用及信用担保

按照我国现有法规，企业之间不允许拆借资金，但实际情况是关联公司之间的拆借现象比比皆是。上市公司以收取资金占用费的形式为集团公司或同属公司垫付部分资金，一方面可以使集团公司获取所需资金，另一方面又可增加股份公司的盈利。

二、利用资产重组进行盈余调节

近年来，进行资产重组的上市公司数量不断增多。究其原因，客观上我国公司价值评估缺乏相应的理论体系及操作规范，公司并购的法律体系和财务规范不够完善；主观上地方政府、国有资产管理部门的刻意参与，使得股份公司常以集团公司及其下属公司为依托进行一系列的资产重组，实现各自的操作目标以改善业绩状况、转移资金和盈余或者从二级市场炒作获利等。这在目前的中国证券市场上已成为一种普遍现象。特别是每年年末，各上市公司迫于财务年报的压力，纷纷出台一系列的资产重组方案，其中以关联交易为主的资产重组，更是成为众多上市公司扭亏为盈的重要手段。

（一）资产转让置换

上市公司业绩滑坡时，为了避免不良资产经营所产生的亏损或损失，就将不良资产与等额债务剥离给关联公司，以达到账面上止损的目的。在我国常见的是将不良的长期投资转卖给集团公司，特别是在按照市价难以收回投资的情况下，为提升公司的业绩，按操纵价格与关联公司进行交易。这样上市公司不仅完全可以收回投资成本，甚至还可能因买卖价差获取一定数额的投资收益。另一种情况是，控股公司将优质资产低价卖给上市公司或与上市公司的不良资产进行置换，通过实质上的不等价交易，实现改善上市公司盈余质量的目的。

我们结合案例加以说明。某上市公司 2002 年下半年将控股子公司的劣质资产粘胶短纤系统和部分动力设备转让给其控股股东 A 公司，并以转让资产的评估价值 12 280.88 万元的 94.5% 确认转让价格为 11 605 万元。同时该公司用此转让款的 11 495 万元收购关联公司 B 55.61% 的股权。而 B

公司当年实现利润 4 294 万元，该上市公司因此获得投资收益 1 565.4 万元。同时，由于上市公司在新购入的 B 公司持股比例超过 50%，按规定可以合并报表，据此，因其优质资产的注入，当年直接带入利润 4 000 多万元，财务报表得到大幅改善。

（二）托管经营

上市公司与关联公司进行的资产托管经营目前已成为资本运营的主要方式之一，但我国尚无资产托管经营的成文法规及操作规范，托管经营实际变成了盈余操纵的工具。它的实质是在资产所有权不发生转移的情况下，委托方的资产实现有效经营，受托方相应获取一定比例的托管费。目前，多数上市公司利用托管实现短期经营目标，或者是上市公司将不良资产委托关联公司经营，定额收取回报，使上市公司既回避了不良资产的亏损反映，又获取部分利润；或者是关联公司将高获利能力的资产以低收益的形式由上市公司托管，只收取较低的费用，从而将大部分的盈利转入上市公司。

（三）合作投资或委托投资

如果上市公司面临投资项目周期长、风险大等问题，则可将某一部分现金转移给母公司，以母公司的名义进行投资，将投资风险全部转嫁到母公司头上，而将投资收益的回报确定为上市公司当年的利润。这就是委托投资中的关联交易形式。而合作投资形式的关联交易通常指的是上市公司与关联公司就某一具体项目联合出资，并按事前确定的比例分利。这种投资方式因关联关系的存在，达成的几率较高，但操作透明度较低，特别是分利比例的确定。在具体操作中，一旦上市公司发现净资产收益率难以达到配股的要求，便倒推计算利润缺口，然后与母公司签订联合投资合同，投资回报按测算的缺口利润确定，由母公司输送部分利润。

三、利用会计方法进行盈余调节

（一）提前确认或虚计盈余

上市公司虚计盈余的传统做法是在接近年底的时候，虚开销售发票，计入当年的销售收入，次年再以质量不合格为由冲回。此外，提前确认收入也十分常见，一些企业在产品尚未完工或发出时，即以销售合同为依据，确认了营业收入，其实质是将下一期的利润提前在当期实现。提前确认收入的情况多见于房地产业上市公司或上市公司的房地产业子公司。

（二）将费用推迟确认或潜亏挂账

企业当期发生的费用或者资产损耗，应在当期立即处理计入损益。但有些企业为了达到盈余调节的目的，将费用计入资产类项目，或者对资产的价值折旧部分不及时计提，进行挂账处理。常利用的会计科目有：（1）虚拟资产项目。（2）利用在建工程使利息费用资本化。（3）其他应收款和其他应付款科目。（4）应收账款。（5）存货。（6）短期投资、长期投资等科目。

（三）利用会计职业判断

会计人员在进行某些会计核算时，可选择不同方法和原则，比如固定资产折旧（加速折旧法或直线法）、发出存货计价（先进先出法，后进后出法等）、长期股权投资的核算（成本法或权益法）、四项准备的计提比例及追溯调整等。这些方法一旦确定以后，各期应保持一致，不得任意改变。但在下述两种情形下，企业可以变更会计政策：一是法律或会计准则等法律规章要求变更；二是变更会计政策以后，能使提供的会计信息更为相关、可靠。而实际中，许多企业往往根据自身调节盈余的需要，任意改变会计方法。

1. 变更固定资产折旧计提方法。固定资产折旧方法主要有平均年限法、工作量法、加速折旧法（年数总和法、双倍余额递减法）等。变更折旧方法的一种常用方式是在固定资产使用早期，由加速折旧法改为直线法，这种变更会导致固定资产折旧率的下降，折旧费用降低，利润相应增加。

2. 改变投资收益的核算方法。将成本法改为权益法，当被投资企业盈利时，能增加投资企业当期利润。这种变更使得投资企业即使红利分文未得，也可以根据被投资企业当期盈利，按照其所占份额计算投资收益，计入投资企业当期盈利，而税法则根据投资企业是否从被投资企业分得红利以及红利的多少来征税。因此，在被投资企业盈利的情况下，将长期投资核算方法由成本法改为权益法，一方面可以增加当期利润总额，另一方面又无须为这些增加的利润缴纳所得税。会计方法变更对当期利润总额有影响，对现金流量却无影响。当然，如果希望调低企业盈余，则可采用相反的变更程序。

3. 变更坏账处理方法。坏账损失的核算方法有直接核销法和备抵法两种。直接核销法是在某项应收账款被确认确实无法收回时直接计入当期损益；备抵法则是根据谨慎原则的要求分期对可能发生的坏账作出估计，计提坏账准备，坏账确实发生时由坏账准备冲减，不影响当期损益。坏账核算方法由备抵法改为直接核销方法，将虚计应收账款价值，增加企业的利润。

4. 变更存货计价方法。上市公司发出存货的实际成本，可以采用个别认定法、加权平均法、先进先出法、后进先出法等方法进行核算。在物价持续上涨的情况下，存货发出成本的核算由加权平均法改用先进先出法有高估本期盈余的效果。

四、地方政府的利益输送

由于上市公司的稀缺性，地方政府作为本地上市公司的行政领导及其直接或间接所有者不愿意失去宝贵的上市资源，所以，一旦出现无法配股或面临摘牌的状态，地方政府常常伸出“看得见的手”予以政府扶持。有的地方政府甚至提出要对壳资源加以利用，即地方财政先补贴一点，提高上市公司业绩并进而提高股价，通过配股多募集资金发展当地经济，增加地方税收。

（一）税负的减免

按照我国现有税法，除税法统一规定、经济特区和高新经济技术开发区企业外，地方无权减免企业所得税。但为了扶持上市公司，许多地方政府相互攀比，越权给上市公司税收政策优惠或税收返还，多数上市公司所得税的实际税收负担为15%甚至更低。另外，增值税的退税收入也构成了政府支持的重要手段。其中主要有以下几种类型：出口退税、进口设备原材料退税、经济特区地方地产地销部分产品减免征收、外商投资企业改征增值税税负增加部分返还、增值税地方财政25%分成部分返还、个别企业所在行业的税收优惠。在这些增值税退税类型中，除出口退税对上市公司是有一定的长期稳定的利好作用以外，其他形式的增值税退税均有严格的具体适用范围及年限的规定。地方政府应急性的扶持措施，具有很强的不确定性，很难构成上市公司的稳定的收入来源。

（二）财政收入补贴

地方政府直接给予上市公司财政补贴的现象屡见不鲜。主要做法是当地政府部门采取计划手段，根据企业销售产品的数量由财政进行一定补贴来提高其年度业绩，使其经营业绩符合上市标准不被摘牌或者能够获得较高的配股价格。

（三）资产价值方面的优惠

在上市公司筹资进行城市开发建设时，予以土地资源价格方面的优惠政策这种地方性政策扶持，既无明确政策界限，更无可以公开化、市场化的操作规程。

上述分析表明，在我国，会计盈余质量的影响因素是多方面的，既有人文因素，又有制度因素，还有市场因素，充分体现了特定历史时期我国会计盈余信息质量的特色。与此相呼应，企业调节会计盈余质量的行为或策略也独具匠心、异彩纷呈。本书下一章关于会计盈余信息供求关系的研究，将有助于我们对这些因素和行为的认识进一步明晰和深化。

第五章　基于信息经济学方法论的会计盈余信息供求分析

如前文所述，信息的价值在于决策，决策的效用在于决策者拥有信息的状况。在信息不对称的条件下，委托人与代理人的效用取决于双方对决策的控制与选择。这样，信息范畴、决策概念自然地与博弈论联结起来，成为信息经济学方法论体系的重要组成部分。[①] 而在会计研究领域，用博弈论的思想分析和解释会计盈余信息的供求关系、信息的质量、信息的含量等问题，已经成为当前会计学界的重点和难点课题。本章重点考察会计信息供需各方的博弈行为对会计盈余信息质量的影响。为此，我们基于对会计信息供需关系的历史回顾，分别对会计盈余信息的供给主体、需求主体及会计信息供需博弈关系进行了分析与考察。

第一节　会计盈余信息供求关系的历史考察

按照信息经济学的观点，会计是提供信息服务的，它与其他信息服务一样，将受到市场供求关系的制约。在本节，我们将从历史观的角度，考察不同时期会计信息的需求状况对会计信息生成、会计信息内容及会计信息载体的影响。

一、以复式簿记为主的会计信息供应

关于复式簿记产生背景的考察，可追溯于利特顿（A. C. Littleton）在《20 世纪以前的会计发展》（*Accounting Evolution to 1900*）一书中的系统论述。在该经典著作中，作者提出了复式簿记产生的七项必要条件，即文字、算术、私有财产、货币及货币经济、信用、商业以及资本等。这些条

---

① 张维迎：《博弈论与信息经济学》，上海，上海人民出版社，1996。

件构成了会计信息形成的基本要件。其中，文字、算术、货币构成了会计信息的技术基础；私有财产、信用、商业以及资本则构成了会计信息所赖以存在的经济基础。在复式簿记产生以前，信息生产者已经开始向信息使用者传递有关主体的某些信息。例如，在古巴比伦，根据《汉谟拉比法典》，代理商应向商人报送反映价款的契约证书；在中国的汉代，官厅会计的发展已经进入一个新的阶段，推行的“上计簿”包括相对完整的会计循环过程，即记账、算账、报账、查账、用账等五个方面。但总体看来，由于信息提供者所传递的信息主要是采用非会计的手段加工、生产出来的，例如，大量的实物计量而不是货币计量，简单的对经济业务的描述而不是综合的分类和概括，因此，会计作为一种技术活动一直处于非标准化和非法典化状态。在这种情况下，信息提供者向使用者传递的并非是现代意义上的会计信息。随着复式簿记的产生和发展，通过构建自身独特的会计记录、计量系统和相应的会计理论，生产出全新的会计产品，即会计信息，并由生产者传递到使用者传递，形成了这一时期的会计信息供求关系。

这一时期会计信息供求关系的基本特征是：随着复式簿记的问世，借助自身独特的记录与计量系统，会计作为一种技术活动，成为一项独立的实践活动；随着一些偶发事件的出现，诸如在国外设置分店、合伙交易的存在、向市政当局报告财务收支状况等，产生了会计信息由生产者向使用者传递的行为。由于复式簿记技术的局限，会计信息供应以账簿为主要载体，向使用者提供拟人式文字叙述型的会计信息。

上述过程表明，引致会计实践发展的首要因素在于会计信息使用者不断变化的需求，而直接推动会计披露实践进展的力量却来自于那些投身于会计实践活动前沿的开拓者。正是在这两种力量的推动下，会计信息供应进入了一个以财务报告为主体的新时期。

二、以资产负债表为主的会计信息供应

19 世纪中叶至 20 世纪 20 年代，会计披露实践是通过会计信息生产者向会计信息使用者提供资产负债表的方式来实现的。资产负债表之所以成为这个时期主要的会计信息载体，主要源于以下信息需求的推动：

（一）外部使用者对于资产安全保障的关注

对于任何一个投资者来讲，当其将自己的资产交付给经营者进行经营时，首先关注的是自己所投入资产的安全性问题，保证投入资本的完整无损是经营者所承担诸项受托经营责任中的核心内容之一。在此前提下，投资者才会进一步考虑资产的收益性问题，这就决定了投资者必然倚重资产负债表所披露的信息；对于债权人来讲，资产负债表传递着非常关键的关于企业偿债能力的信息，通过比较、分析流动资产、流动负债、长期资产、长期负债等项目，债权人可以及时获取企业资本结构的有关信息，并对其相应债权的安全度作出评价；对于供应商来讲，通过比较、分析资产负债表中有关往来项目，供应商可以对企业的信用状况作出评价，进而选择不同的结算方式。

（二）政府作为会计信息的使用者对于资产负债表的重视

一方面，政府借助资产负债表实现其征税目的。例如，在德国有一段时期的税率就是依据债务额和不动产的相对比率来确定的；而意大利从15世纪开始，在应税财产申报时已经开始使用资产负债表。另一方面，政府借助资产负债表加强对企业的管制。为了避免欺诈性破产，法国于1673年颁布了《商事王令》，规定企业必须定期编制财产目录。这是较早以立法方式对会计披露进行规范的案例。根据该法令，商人们必须每两年提供一次盘存报告，如果未遵守该要求，就会被宣告破产。

（三）利益冲突各方对于资产负债表的依赖

在市场竞争过程中，合伙人与合伙人、债权人与债务人、所有者与经营者、所有者与债权人、企业兼并者与被兼并者之间经常会发生矛盾和冲突。这种矛盾和冲突集中表现为资产计价和财务责任的公平分摊方面。例如，合伙人需要借助科学的资产计价实现彼此之间公平合理地分享企业资源并承担相应的义务，所有者需要依靠资产负债表来考核财产受托人在保全、增值投入资本方面所取得的成就，债权人需要凭借资产负债表实现其法律所赋予的优先求偿权，企业收购方需要依据资产负债表确定一个合理的收购价格。

三、以损益表为主的会计信息供应

进入20世纪以后，世界经济中心转移至美国，会计的发展中心随之转至美国。美国会计环境发生的重大变化，导致新的会计信息需求，使会计信息供应方式由以资产负债表为主转向以损益表为主，盈余信息的重要性日益受到重视。

（一）企业的主要筹资方式发生变化

20 世纪 20 年代以后，美国企业的主要筹资方式发生重大变化，由银行贷款融资转变为通过发行股票和长期债券融资。由于长期证券的安全保障更多地取决于企业的盈利能力，投资者对于损益表的关注就成为必然结果。

（二）美国政府对于股利分配政策的管制

为了防止企业将资产重新计价所获得的盈余用于发放股利，美国政府在这一时期作出规定，企业股利的发放限于经营盈余，严禁将资产重估计价所产生的盈余作为计算股利的依据。这一规定，促使信息使用者越来越多地关注企业盈利，进而将注意力由资产负债表转向损益表。

（三）长期资产在企业资产构成中所占比例的急剧增加

现代化的工业生产离不开大型机器设备的投入。如何将资本性支出调整为收益性支出，以确定长期资产的损耗费用，将会对当期及以后各期损益的形成产生重大的影响。对此，经营者、所有者、政府之间存在较大的分歧，导致大家将关注的目光集中在有关费用项目上。解决这一问题的有效途径就是在损益表中详细披露有关费用的形成过程及制度依据，以获得有关各方的认可与支持。

（四）课征所得税对于收入实现原则的依赖

第一次世界大战以后，所得税逐步发展成为美国政府财政收入的主要来源之一。为了正确、及时地计算应纳税所得额，美国改变了原来以年初年末盘存余额为基础确定收入的方法，开始在税收实践中推广采用收入实现原则，经营者与税收当局关注的焦点集中于收入确认的时点与金额上。这一变化带来的直接结果就是会计披露的重心逐步由资产负债表转向损益表。

四、以资产负债表、损益表及财务状况变动表三表披露并重的会计信息供应

20 世纪 70 年代以来，由于市场的开拓和竞争的加剧以及持续的通货

膨胀等原因，企业经营状况的不确定性越来越高。在这种背景下，原有的会计信息供应机制受到挑战。为了提高决策的效率和正确性，会计信息使用者需要了解企业的财务状况和经营成果的动态变化及其原因。正是在这一背景下，美国会计原则委员会（Accounting Principles Board，APB）1971年发表了第19号意见书，提出了“关于企业筹资和投资活动以及在一个期间财务状况变动的信息，对财务报表使用者是至关重要的……关于财务状况变动的报表也必须作为每个期间的一个基本财务报表”的建议。同年，国际会计准则委员会公布了国际会计准则第7号，正式把财务状况变动表作为财务报表体系不可或缺的组成部分。通过该表，会计信息生产者向会计信息使用者传递着以下重要的信息：企业在一定期间财务状况变动及其形成原因，企业在一定期间的理财方式及其效果，企业未来的资金预算计划。至此，会计披露方式进入资产负债表、损益表、财务状况变动表三表并重的发展阶段。随着人们对企业现金流动信息的日益重视，美国财务会计准则委员会于1987年11月发布了第95号《财务会计准则公告》，规定从1988年7月起，以现金流量表替代财务状况变动表。作为一种新的会计披露方式，现金流量表与资产负债表、损益表一并向有关信息使用者传递有关企业的各种会计信息。

应当注意的是，这种会计信息供应方式随后又得到了进一步的扩展，以上述三大报表为主的会计信息载体或传递方式（即报表方式）被信息量更大的财务报告方式所取代。其原因大致有：

（一）会计信息使用者对于会计信息的需求发生了新的变化

随着市场经济深入发展，特别是现代股份制企业和证券市场的日趋成熟，信息使用者对会计披露提出了更高、更严的要求。他们不仅要求披露财务信息，还要求更多地披露非财务信息，如经营战略信息；不仅要求披露定量信息，还要求更多地披露定性信息；不仅要求披露确定的信息，还要求更多地披露不确定的信息；不仅要求披露历史信息，还要求适度地披露未来的信息；等等。显然，这些需求在原来的信息供应方式下是难以满足的。

（二）会计确认标准的限制使大量有用的信息被排除在财务报表之外

一般而言，进入财务报表中的会计信息，必须符合公认会计准则

（GAAP）并按严格的标准（如相关性、可靠性及可计量性等）予以确认。这些标准是现代财务会计核算系统得以运行的有力保障，由此将那些符合这些标准的信息被确认为相应的会计要素并纳入财务报表当中，而那些不能完全满足上述标准的信息则被排斥在财务报表之外。因此，如果我们在不根本改变现行的财务会计运行系统的前提下，又期望能够满足使用者日益增长的会计信息需求的话，出路只有一个，那就是在财务报表之外构造一个全新的会计信息披露系统，即财务报告系统，通过这一系统将那些对使用者决策相对重要但又不完全满足确认标准的会计信息汇集起来，传递给有关的信息使用者。

五、简要结论

通过对会计信息需求变化导致的会计信息供应内容及方式的演进历程的回顾，我们可以形成以下判断：

（一）会计环境的变化导致了新的会计信息需求

在这一需求的拉动下，会计信息供应方式呈动态变化之势。会计信息供应方式发展、变化的动因在于不断满足会计环境变化所导致的对会计信息的新需求。

（二）会计信息供应的变迁具有渐进式特征

新的会计模式总是发端于原有的会计模式，并且是在原有模式边际上连续演变的结果。

（三）会计供应变迁的过程直观表现为会计信息范围、内容不断扩大的过程

由于会计信息生产者与会计信息使用者处于天然的信息不对称地位，生产者不断增加会计披露的信息含量有其逻辑上的合理性和客观上的现实性。但是，会计信息生产、披露的范围、内容也并非是一个无限扩大的过程，因为会计信息的生产及披露是需要成本的，而且，会计信息使用者对会计信息的接受和处理也有能力与时间方面的限制。

第二节 会计盈余信息供求关系的主体

一、关于会计盈余信息的提供方主体

本书在文献评述时曾经提及，单从会计信息的生成来看，似乎其供方主体就是会计人员。其实，会计信息的作用之一就是在委托—代理关系的框架下，反映管理当局的经营绩效，用于解除管理当局的受托责任，而会计人员在会计信息生成的过程中扮演的应是独立于委托方和管理当局（即受托方）的中立角色。同时，由于管理人员努力程度的不可观测性，所以会计盈余信息反映的相关指标就成为委托方评价其经营业绩的主要尺度。这些特点决定了管理当局比会计人员更关注会计信息所反映的内容和结果，也必然会参与乃至干涉会计信息的生成和传递。由于会计人员可能受到管理阶层不同程度的干预，甚至在会计信息生成的过程中被其左右，因而将会计信息提供的主体定位于管理阶层比定位于会计人员更合理。研究会计准则的一些文献中有的将理解管理阶层的动机作为会计准则确定的前提（Watts & Zimmerman，1978），在会计政策选择的专项研究中也有将管理阶层作为会计选择的主体的论断（Watts & Zimmerman，1986）。将管理阶层而不是会计人员作为会计信息提供的主体，也可以从一些实例中得到证明：（1）对公司的财务报告审计而言，尽管由注册会计师提供审计意见，但审计委托书中要求公司的管理阶层（而不是会计人员）必须对财务报告的真实性负责。（2）从国外审计案例的分析看，一旦审计失败，如果不是由于审计人员的重大过失，那么最终对会计信息失真承担责任的正是管理阶层。因此，会计信息的供应主体是经济组织的管理当局。

二、会计盈余信息的需求方主体

会计界对会计需求的讨论持续了一个相当长的时期。1971 年，美国注册会计师协会（AICPA）要求其财务报表目标研究委员会在研究中考虑信息使用者的信息需求，包括谁需要财务报表，他们需要什么信息，他们所需要的信息有多少能够由会计师提供，为了提供所需要的信息要求有一个怎样的结构等，首次明确了财务报表应当围绕用户需求改进的指导思想和

研究框架。1978 年 12 月，美国财务会计准则委员会在其财务会计概念框架《企业财务报告的目标》（SFAC No. 1）中则明确提出财务报告应该提供对现在的、潜在的投资者和债权人以及其他使用者作出合理的投资、信贷及类似决策有用的信息。1991 年，AICPA 为回应主要西方国家社会各界对现行企业报告模式的强烈批评，成立了财务报告特别委员会（也称 Jenkins 委员会），其主要任务是研究企业究竟应当向各方面提供哪些信息、现行会计准则制定程序是否有必要从结构上进行改进等问题。在历时三年的研究之后，Jenkins 委员会首次将用户的信息需求划分为五种类型并据此提出了新的企业报告综合模型。1997 年，美国著名的管理咨询公司 Shelly Taylor & Associates 对世界上 62 家最大的机构投资者和全球 200 家大公司的年度报告进行调查，结果表明：公司信息的供给无论数量和质量都同机构投资者的信息需求存在明显差距。这些值得关注的研究及其发现，不但对美国及西方国家企业信息披露规则的发展走向和企业报告改进作出了重要贡献，而且也影响着中国证券市场的信息披露规则与企业报告改革。

在国内，近几年一些研究者开始关注机构投资者的信息需求（吴联生，2000；周勤业等，2003）① 并进行了有益的探索。我们认为，基于现有的信息环境，原有的研究结论迫切需要得到进一步研究的印证。同时，中国证券市场具有转轨经济与新兴市场的双重性，改进中国企业的信息供给，迫切需要掌握中国用户信息需求的典型特征。因此，关注并积极拓展企业信息需求研究的必要性，不仅仅因为该研究主题本身需要进行深入系统的持续探讨，还因为它是企业报告及其他众多研究命题的前提或基础。可以说，企业信息需求研究无论从促进会计理论发展或推进会计实践改革看都是十分重要的。

现代经济的所有权与经营权的分离状态形成了会计信息的供求关系。为方便起见，我们将企业组织抽象为两类：上市公司和非上市公司。对于非上市公司而言，会计信息的需求方较易辨明，一般是债权人和股东，会计信息只在这些少数债权人和股东之间传播，其他人不能也无权得到这些

① 吴联生：《投资者对上市公司会计信息需求的调查分析》，载《经济研究》，2000（4）；周勤业等：《上市公司信息披露与投资者信息获取的成本效益问卷调查分析》，载《会计研究》，2003（5）。

信息。在这种情况下，会计信息可认为是一种私有物品，系少数人或机构所拥有，因此，有时也被称为是一种俱乐部物品（club goods）（张军，1994）。对上市公司来说，会计信息的需求方就比较复杂。债权人和股东仍是会计信息的主要需求者，但就股东来讲，情况要复杂得多。在公开上市交易的股份有限公司中，股权已脱离企业而单独存在。股票交易使得股东经常处于变动及难以辨明的状态，最终使所谓的委托者（股东）“虚位”。在这种情况下，任何人都有可能成为公司的股东，即任何人都是潜在的投资者，因而他们也都有权获得公司的会计信息。正是从这个意义上来讲，会计信息已经由“私人物品”演变为“公共物品”。

美国注册会计师协会下属的 Trueblood 委员会 1973 年发表的《财务报表的目的》认为，财务会计信息的主要使用者是投资者，财务会计信息主要对投资者的投资决策有用。王永海（2000）① 在对这种观点进行分析后，认为资产所有者是财务会计信息的主要使用者，因为他已经与企业建立了稳定的委托—代理关系。我们将会计信息的需求主体定位于股东与债权人，正是基于这种观点的启发和影响。

应该注意到，会计信息的需求者还可能有很多，诸如政府、客户、供货商、代理商、民间团体等，只是它们不属于信息需求“主体”的范畴而已。

第三节　会计盈余信息供求的博弈分析

以上关于会计盈余信息供需关系的分析，为我们从博弈论的角度进一步地探讨会计信息供需各方对会计信息质量的影响奠定了基础。为了使这种分析更加详细和全面，我们将会计信息的供应方和需求方予以扩展，将其统一到会计信息博弈主体的范畴中进行分析。②

---

① 王永海：《财务会计信息的基本内涵》，载《武汉大学学报》（社会科学版），2000（3）。

② 本部分研究主要参考、借鉴了以下文献：王永海：《对财务会计本质的博弈说明》，载《经济评论》，1999（6）；仇俊林、范晓阳：《企业会计信息失真问题研究》，北京，人民出版社，2006；单晓芳：《会计市场的博弈论分析》，载《同济大学学报》（社会科学版），2003（2）；等等。

一、会计盈余信息的博弈主体

与会计盈余信息供需双方的利益相关者都可成为会计盈余信息的博弈主体。它包括政府、债权人、所有者、经营者、独立审计师及其他与企业相关的个体。政府最关心税收征缴，债权人最关注是否能按时地收回本金和利息，资产所有者关心的是自己投入的资产能否得到保值增值，经营者关心经营业绩的增加是否给自己带来额外的经济收益，证券市场上的投资者关心股票的价值和企业的业绩。由于具有不同的行为目标，存在着不同的利益驱动，博弈各方围绕企业应当怎样披露会计信息这个问题出现了利益冲突，由此产生不同的行为选择。

二、经营者与所有者之间的合作博弈

在企业的所有权与经营权分离的情况下，股东虽不直接参与企业的生产经营和日常管理活动，但通过董事会拥有对经理等高层管理人员的任免权并决定其相应的报酬。这一制度安排形成了所有者（委托人）和经营者（代理人）之间的委托—代理关系。经营者的行为目标与委托人存在着差异，他们更多关注的是自身的薪金报酬；在存在着股票期权的条件下，他们也会从自身利益出发，关注企业的盈余水平及股票的市价等。假设董事会与经理人员每年年末签约一次，董事会将根据其年度内的经营绩效决定其报酬及是否与其续约。根据对我国职业经理人的薪金报酬比例分析，可以得到行为选择的支付矩阵：

委托人 / 代理人	董事会	
	续约（C）	解聘（F）
诚实（H）	20，80	10，75
歪曲（D）	40，60	30，70

年末经理人员面临着诚实和歪曲会计盈余信息以谋求自身利益的两种选择，董事会则面临着续约和解聘的两种决策。在不存在着内部审计和经理人市场时，经营者的决策和董事会的决策可以看做两个完全独立的活动：（1）当经营者预计董事会选择 C 时，他们推断出选择 D 更明智，因为不存在内部审计，所以不必担心被发现舞弊，这时他们获得 40 的效用。

（2）当经营者预计董事会选择 F 时，他们仍将选择 D，通过歪曲会计盈余信息在离任前实施职务侵占，此时其所获得的效用由于即将解雇而降为30，董事会则由于重新寻找合适的经营者而增加了成本支出，其收益降为75。（3）当董事会认为经营者诚实可信（H）时，他们将选择 C，收益为80。（4）当董事会认为经营者歪曲会计信息时，他们将毫不犹豫地选择 F，以避免收益进一步下降至60 的最低水平。不难看出，FD 成为唯一能在给定其他局中人的战略选择时每个局中人都能对自己的战略选择满意的一个战略组合，这一组合在博弈论中称为纳什均衡。当不存在内部审计和相应的监督机制、惩罚机制时，从短期来看，歪曲会计信息以谋求个体利益最大化将是经理人员的最优选择，即产生了“逆向选择”问题。如果双方在第一次签约时便已明确经理人员的任期为 N 年，毫无疑问在第 N 年经理人员将选择 D，他们清楚地认识到合约即将到期，自己将处于被解聘的境地。而在前面的 N－1 年任期中，他们明白只要自己不犯太大的错误就不会被解职，因此就会利用自身占有的信息优势进行违规，即产生了道德风险。

三、潜在投资者和经营者之间的非合作博弈

对于潜在的投资者而言，他们希望获得公司资产安全性、流动性以及收益能力、发展能力方面详细而可靠的会计信息，据此或进行投资决策，或评价自己的投资成果，决定是否继续投资。而投资者是否进行投资，则直接关系到股价的高低和经营者的报酬。假定企业有一个项目需要通过发行股票来筹资，在会计信息市场不存在监督者、中介机构和相关咨询机构时，可以将投资者与经营者的决策视为两个独立的活动，如下所示：

委托人 / 代理人	潜在投资者	
	购买（B）	拒绝购买（R）
诚实（H）	50，10	0，0
歪曲（D）	70，－10	0，0

在这一博弈过程中：（1）对经营者而言，如果他们认为投资者将作出购买决策 B，则 D 将是其最优选择，他们可以获得的效用水平为 70。（2）当然，如果投资者作出拒绝购买公司股票的决策 R，则经营者的决策

H 和 D 之间不存在效用差异，企业收益为 0。（3）对投资者而言，如果他们预期经营者选择 H，则其最优策略为购买 B，从而获得 10 个单位的效用水平。（4）如果投资者认为经营者将选择歪曲会计信息 D，则其最优策略无疑是选择拒绝购买 R，此时双方的效用水平由于没有交易的发生而均为 0。这样，在一次博弈中，DR 即经营者歪曲会计信息，投资者拒绝购买将形成纳什均衡。从理论上而言，只要博弈的次数是有限的，经营者就会选择歪曲会计信息的行为。这是因为，假定博弈重复 N 次，并且博弈各方对博弈次数都有着明确的认识，那么第 N 次将如同一次博弈一样，经营者将进行会计舞弊，而不必担心在下次的博弈中遭到对方的报复；在第 N－1 时，由于第 N 次的决策与第 N－1 次无关，经营者仍将选择歪曲会计信息。如此下来，经营者将在第一次博弈时便进行歪曲。当然，在现实生活中，经营者出于对长远利益的考虑，以及由于监管机构、中介机构及相关法律法规的存在，这样的极端通常不会产生。然而无论如何，这一僵局的形成，对经济发展显然具有极大的消极作用，它将造成会计造假盛行，人们对会计盈余信息的真实性、可靠性持普遍的怀疑态度，从而导致资本市场的萎缩和经济的长期低水平发展甚至停滞不前。

四、债权人与经营者的合作博弈

企业在生产经营活动中的举债行为，构成了经营者与债权人之间的债务契约。我们可以把债权人视为委托人，把经营者视为代理人。

假设某债权人放贷给 A 企业 100 单位货币资本，利率为 12%，期限为一年。经营者可能有两种选择：其一，当债务未偿还时，不支付股利（B_1）；其二，当债务未偿还时，支付高额股利（B_2）。如表 5－1 所示，如果经营者选择 B_1，企业破产的可能性为 1%，债权人收回本息的可能性为 99%；如果管理者选择 B_2，企业将因资金周转困难，偿债能力差而增加破产的可能性，这时，破产的可能性上升到 10%，债权人收回本息的可能性下降到 90%。如果该企业管理者的工资与奖金是根据企业的净收益决定的，因为股利的发放是利润分配，不影响净收益，所以管理者并不关注此选择，对此有很大的随意性，故此概率只能是 0.5，即 B_1 等于 B_2。

表 5－1　　　　管理者的两种选择

管理者的行动	B_1（金额）	B_1（可能性）	B_2（金额）	B_2（可能性）
（1）利息收入	12	99%	12	90%
（2）破产	－100	1%	－100	10%

注：负数表示企业破产时债权人无法收回的本金。

假设债权人为风险中立者，其最低期望报酬率为 10%。将其资本投放于 A 企业的期望报酬率如下：

期望报酬率 = 0.5 （12% × 0.99 － 100% × 0.01） + 0.5 × （12% × 0.9 － 100% × 0.1） = 5.84%

虽然该企业的利率为 12%，但由于其存在破产风险，其期望报酬率只有 5.84%，大大低于债权人的最低期望报酬率 10%，债权人将不会借款给该企业。促使该债权人发放贷款的利率必须达到 16.4%，该资本报酬率满足：

10% = 0.5 × （0.99R － 100% × 0.01） + 0.5 × （0.9R － 100% × 0.1）

R = 16.4%

这时，企业管理当局肯定不愿举债，因为过高的利息费用将稀释企业的净收益，降低管理者经营业绩，减少管理者经营报酬。

在这种情况下，双方只有谈判，在借款协议中约定企业债务未偿还时不得支付股利，双方才能完成这笔交易。

五、经营者与政府的博弈

经营者是会计盈余信息的提供者，政府部门是会计盈余信息的使用者和监管者。在行为选择上，税务部门代表政府依据企业提供的会计盈余信息依法对企业征收税款，而企业则实施合理避税甚至编造虚假盈余信息，以达到少交税甚至不交税的目的。因此，经营者与政府之间围绕会计盈余信息而展开博弈。

为便于分析，我们设定以下参数：假设政府部门监督的概率为 p，$p \in [0,1]$，不监督的概率为 $1-p$；经营者违规的概率为 q，$q \in [0,1]$，提供合规盈余信息的概率为 $1-q$；C_s 为监督成本，L 为经营者违规给政府带来的损失，F 为罚款收益，M 为经营者违规收益，N 为经营者违规损失。

（1）给定 q，政府部门选择监督和不监督的期望收益分别为

$$EI(1,q) = (-C_s - L + F)q + (-C_s)(1-q) = -Lq + Fq - C_s$$

$$EI(0,q) = -Lq + 0(1-q) = -Lq$$

由 $EI(1,q) = EI(0,q)$，有 $q = C_s/F$

其意义是，如果经营者违规的概率小于 C_s/F，政府部门的最优选择是不监督；如果经营者违规的概率大于 C_s/F，政府部门的最优选择是监督；如果经营者违规的概率等于 C_s/F，政府部门随机地选择监督或不监督。

（2）给定 p，经营者选择违规和不违规的期望收益分别为

$$EI(p,1) = (M-N)p + M(1-p) = -Np + M$$

$$EI(p,0) = 0p + 0(1-p) = 0$$

解 $EI(p,1) = EI(p,0)$，得 $p = M/N$

它意味着，如果政府部门监督的概率小于 M/N，经营者的最优选择是违规；如果政府部门监督的概率大于 M/N，经营者的最优选择是不违规；如果政府部门监督的概率等于 M/N，经营者随机地选择违规或不违规。

六、经营者、股东、审计师之间的博弈

在现代公司（尤其是股份公司）制度下，独立审计制度可以看成是主要涉及委托人（投资者、股东）、审计师（CPA）和被审计人（管理层）三方的一个契约。在这个契约中，投资者委托审计师对管理层为解除受托责任而提供的财务报告进行鉴证，以便于委托人能根据经鉴证的财务报告，正确评价管理层的经营绩效并作出相应决策。在此过程中，一方面，独立审计活动具有准司法性质。如同法庭的法官一样，审计师的诚信——恪守独立、客观和公正的原则，就显得至关重要。否则，审计师对任意一方的偏袒必然使另一方遭受损失，审计服务的价值甚至整个行业的存在性就会受到质疑。但现实生活中，正如英国的 Cadbury Report（1992）指出的那样："尽管审计人员由股东正式委派，并且审计关系到股东的切身利益，但股东在审计谈判中没有发言权，也与审计人员没有直接联系，实际上委员会还没有找到可能的方式建立这种联系。然而审计人员却需要与管理层密切合作，以便对其编制的财务报告进行审计以完成任务，审计师事务所和其他的具有商业性的企业一样希望与客户保持建设性的关系。"也就是说，审计师更容易受到来自管理层的压力而损害其独立性。另一方面，审计师接受客户委托，收取审计费，其是否接受委托以及如何开展审

计业务，是在其权衡收益和风险的基础上进行的，即审计师是一个理性的经济人。这样，审计过程就可看成一个投资者、审计师和管理层的三方博弈，审计师能否恪守诚信原则和其提供的审计服务的质量不仅取决于其自身的能力、独立性，还取决于委托方与管理层的行为。

（一）关于博弈关系的基本假设

1. 投资者、审计师和管理人员是理性的经济人，即追求自身效用的最大化且风险中立。

2. 审计师与被审计人（管理人员）之间信息完全。此假设排除了审计师的能力对会计盈余信息质量的影响。它意味着审计质量完全取决于审计师的独立性，审计师发现重大错弊后是否报告（披露或揭示）出来则由审计师的独立性决定。

3. 博弈主体的策略：管理层的行为空间为提供真实的财务报告或提供虚假的财务报告；审计师的行为空间为出具标准的无保留意见，出具非标准的无保留意见（为简便起见，未对非标准的无保留意见进一步细分）。[①]

4. 公司管理当局与公司利益是一致的，上市公司与 CPA 之间的博弈是非合作博弈。

5. 监管当局对上市公司的盈余信息质量及 CPA 的审计质量实行事后监管。事后监管主要着眼于异常情况，针对会计信息披露中存在的问题进行检查，并对信息披露中的违规行为实施惩罚。

在此假设条件下，我们模型化上市公司、CPA 在会计信息质量方面进行的博弈。由于监管机构实行监管，上市公司和 CPA 在许多情况下并不完全了解对方的选择。假如每个参与人只知道另一参与人类型的概率分布而不知道其真实类型，他不可能准确地知道另一参与人实际上会选择什么策略，但他能正确地预测到其他参与人的选择是如何依赖于各自的类型。他决策的目标就变为给定自己的类型和别人的类型依从战略的情况下，最大化自己的期望效用。

（二）委托方、审计师与管理层之间的单重博弈

在委托方、审计师与管理层之间的博弈中，审计师接受委托对管理层

---

① 李增泉（1998）的研究表明，我国投资者尚不能对非标准的无保留意见中“带说明段的无保留意见”、“保留意见”、“拒绝表示意见”和“否定意见”的实际含义作出严格区分。

提供的财务报告进行审计。如未发现财务报告出现重大错漏，审计师出具标准的无保留意见审计报告或非标准的无保留意见审计报告，博弈结束。如发现财务报告出现重大错漏，提请管理层调整。这时，管理层有两种选择：一是进行调整，改正为真实的财务报告，然后由审计师出具标准的无保留意见审计报告，博弈结束。二是从虚假报表获得的收益中拿出一部分作为“贿赂金”收买审计师，审计师与之就“贿赂金”谈判，结果有两种可能：接受贿赂，出具标准的无保留意见审计报告，博弈结束；或拒绝贿赂，仍提请管理层调整报表。如果管理层拒绝调整，则出具非标准的无保留意见审计报告，博弈结束；如管理层调整为真实报表，则出具标准的无保留意见审计报告，博弈结束。

为使上述过程在模型中表示，我们进一步假设：

1. *Rm* 为管理层提供真实财务报告而获得的效用；*Rn* 为注册会计师接受委托，从委托方获取审计收费减去自己的努力或成本而取得的净效用。这也是独立审计的“行业租金”。*M* 为管理层因被出具非标准的无保留意见而损失的效用。这是因为管理层的财务报告的可信性降低，投资者将降低对管理层的信任度，加强对管理层的监控，投资者、管理层之间的代理成本将增大而减少管理层的效用。

2. *Ra* 为管理层因提供虚假财务报告而获得的效用增量。*Rb* 为“审计租”，即审计师所瓜分的“信息租金”即收受管理层的“贿赂金”而获得的效用。管理层与审计师因具有信息优势，可能据此而享受“信息租金”*R*。据此，$R = Ra + Rb$，即“信息租金”将在管理层和审计师之间进行分配。

3. *P* 为管理者因公布经审计的虚假财务报告而被监管机构发现的概率。一般而言，$Ra < M$，即管理层出具虚假财务报告而获得的效用增量小于被出具非标准的无保留意见而带来的效用损失。这是由于非标准的无保留意见的警示作用，委托人预期到管理层的盈余操纵，将增加由管理层承担的代理成本。同时，$P \times Ba < Ra$，即当管理当局与审计师合谋舞弊时管理层预期获得的效用增量大于被监管机构发现而遭受的处罚所带来的效用损失。这一方面是由于处罚一般有一个滞后期，但主要还在于被发现的概率 *P* 较小。

4. *Ba* 为管理者公布的财务报告被发现虚假后所遭受的效用损失。它来自于两个方面：受到监管机构的直接处罚，投资者加强对管理层的监控而增加的代理成本。

5. Bb 为审计师因舞弊被监管机构发现后所遭受的处罚而损失的效用。当 $Rb < P \times Bb$ 时，即审计师由来自于管理层的“审计租”而获得的效用小于审计师预期因舞弊被发现所遭受的处罚而减少的效用时，管理层与审计师之间博弈的均衡在于：管理层提供真实的财务报告，审计师出具标准的无保留意见。而当 $Rb \geqslant P \times Bb$ 时，即审计师由来自于管理层的“审计租”而获得的效用大于或等于审计师预期因舞弊被发现所遭受的处罚而减少的效用时，管理层与审计师之间博弈的均衡在于：管理层提供虚假的财务报告，审计师出具非标准的无保留意见，即审计师与管理层合谋舞弊。

在现实经济中，我国的企业特别是国有企业，其管理层保持较好的“底线”收益，不仅仅包括一些直接的现金收益，如奖金、津贴等，更重要的是由此而来的“控制权租金”（周其仁，2000），因为会计盈余信息是评价国有企业经营者业绩的主要依据。同时，我国股份制公司首次上市或增发新股进行筹资，需经过证券监管机构核准，为了达到上市资格，维持配股资格，避免被摘牌和进行内幕交易，股份公司有明显的盈余操纵的动机，并被实证所证实（陆建桥，1999；李树华等，1998）。因此，可供管理层和审计师分配的信息租金 R 很大。“审计租”$Rb = R \times L$，其中 L 为“审计租”占信息租金的比重。L 的大小直接取决于审计师对管理层的谈判能力。审计师谈判能力是管理层对审计师的依赖度与审计师对管理层的依赖度的函数。从审计师对管理层的依赖来看，独立审计市场竞争越激烈，小规模事务所越多，“审计租”Rb 就相对较小。我国独立审计制度建立不久，市场基本处于买方市场，管理层很容易找到“配合”的审计师来替换独立性强的审计师，因此“审计租”Rb 相对较小。从管理者对审计师的依赖来看，标准的无保留意见对管理层越重要，审计师谈判的筹码越大，因而“审计租”Rb 就会越大。

对于 $P \times Bb$（审计师预期因舞弊被发现所遭受的处罚而减少的效用），目前我国对已审财务报告的检查主要采取抽查，覆盖面小，检查仅为一道“例行手续”。因此，虚假财务报告被发现的概率 P 很小，审计师因舞弊所受处罚 Bb 不大。

综上所述，现实经济中，在委托方与审计师的交易中，每一笔“审计租”（Rb）主要受“信息租金”（R）的大小、审计意见对管理层的重要程度和市场上竞争激烈程度、小规模事务所数量等因素的影响而各不相同；同时监管机构对审计师的舞弊的处罚 $P \times Bb$ 相对较小，即“审计租” $Rb < P \times Bb$ 的概率较大。因此，管理层提供虚假财务报告，审计师与之合谋成为博弈双方的纳什均衡，是博弈的主要特征。

（三）委托方、审计师与经营者之间的重复博弈

委托方虽然不能了解管理层的财务报告和审计师的审计质量的真实情况，但是他能根据审计师被监管的情况采取“冷酷战略”（grim strategies）：如果审计师未被检查出有质量问题而遭受处罚，委托方将与审计师续约作为激励，由原审计师进行下一次的报表审计。[①] 如果审计师被检查出有质量问题而遭受处罚时，委托方对审计师作出惩罚，不再与审计师签约下一次报表审计。在审计师采取与管理层合谋舞弊的策略时，一旦审计师被发现舞弊，委托方将不再与审计师交易，博弈结束。

我们继续沿用上述假设，并假设审计师与管理层都知道委托人所采取的策略；设 T 为贴现因子，即后一期的一定效用与前一期的相同效用之比，它是风险偏好的函数，反映博弈双方耐心程度。

当 $R/(1-T) > (Rn + Rb - P \times Bb)/[1-(1-P) \times T]$ 时，管理层与审计师之间博弈的均衡在于：管理层提供虚假的财务报告，审计师出具非标准的无保留意见。

与单重博弈不同的是，在无数次重复博弈中，管理层提供真实报表与审计师确保审计质量而获得的效用增量大大增加，且增长速度 $1/(1-T)$ 远大于管理层提供虚假财务报告时审计师提供虚假审计报告的效用增长速度 $1/[1-(1-P) \times T]$。尤其是当贴现因子 T 趋近于 1 时，审计师提供虚假审计报告被发现而被委托方终止续约的机会成本是巨大的，以至于审计师不可能选择提供虚假审计报告。当博弈双方更注重未来的长远利益时，T 值越大，越趋近于 1，博弈双方更会倾向于作出纳什均衡的策略：管理层提供真实财务报告，审计师出具真实审计报告。

这一结论可以在现实经济中得到验证。如果博弈重复无限次且博弈各

① 中国证监会对同一家 CPA 对上市公司连续审计的会计年度作出了相应规定，为便于分析，本书予以忽略。

方有足够耐心，任何短期的机会主义行为的所得都是微不足道的，而损失的机会成本是无与伦比的，双方都有积极性为自己建立一个良好的声誉，同时也有积极性惩罚对方的机会主义行为（张维迎，1996）。其结果是经济生活中诚信水平的整体提高。

当然，由于我国独立审计市场产生的时间不长，市场缺乏对高质量审计服务的需求，而且，委托方和管理层对其决策并不承担（或并不直接承担）风险和责任，因此，委托方和管理层几乎不可能会有耐心考虑企业的未来，贴现因子 T 尚处于一个很低的水平。

综上所述，在委托方、管理层和 CPA 之间的博弈中，缺乏一个有足够动机和足够能力的委托人：很小的 Rn（行业租金）、P（舞弊被发现的概率）、T 和 Bb（对舞弊审计师的处罚）使 $[Rn \times P \times T/(1-T)] + P \times Bb - Rb > 0$ 难以满足。这样，在委托人、管理层都不注重长期利益的情况下，契约单方——注册会计师也只能采取短期行为，即现有制度的激励和约束还不足以使注册会计师的诚信自动实施。因此，我们认为，在现阶段加强事后监管力度是 CPA 行业具有良好信誉、保证其执业质量并监督上市公司提供真实可靠信息的必要条件。上市公司披露信息的质量的提高不是靠强调单方面的努力就可以解决的问题，而是一个多方博弈的过程，是公司治理结构调整、CPA 行业自律、监管制度完善等多方面的综合治理过程。

七、基本结论

1. 从博弈论的角度看，会计盈余信息的供需关系就是会计盈余信息供求双方的博弈关系，它对会计盈余信息的质量产生重要的影响。

2. 会计盈余信息的使用者是一个十分复杂而广泛的群体，逐一与企业管理当局（即会计信息的供应主体）缔结私人契约要求，将造成会计信息的交易成本十分高昂，而且不同企业间会计信息也具有各自的特点，这决定了需要以标准契约（standard contract）约束会计信息提供的迫切性，从而使公认会计准则（GAAP）的研究和讨论成为会计界的重要课题。

3. 我们在上述分析中隐含的一个假设是投资者愿意并能够与管理当局就提供的会计信息展开博弈。事实上，信息使用者未必愿意直接与管理当局就会计盈余信息质量展开博弈。一是在信息不对称条件下，使用者并不能够立即辨别管理当局是否提供了充分的会计信息，或者管理当局提供的会计信息是否真实、公允地反映了企业的基本经营情况；对于上市公司而言，投资者面临着诸多投资选择，当投资比例不大时完全可能以市场退出的方式将其投资进行转让（即用脚投票），而不愿意耗费人力物力与管理当局就会计信息讨价还价。二是投资者可能只持有企业很小比例的股份，他们往往具有“搭便车”的心理，因此不愿意主动与管理当局进行会计信息的博弈。

4. 在博弈各方中，经营者作为会计信息的披露者，与政府、债权人、证券市场上的投资人以及所有者之间展开的博弈的程度和过程是不同的。这是因为：从理论上说政府部门最需要真实的会计信息，不同层次的政府对会计信息的披露要求不同。地方政府为了本地区的局部利益，会对所属企业的盈余虚假及操纵问题采取默许、纵容的态度。作为债权人的银行机构往往关注贷款前的企业会计盈余信息质量，而在贷款发放之后，对会计信息真实性的要求显然不如发放贷款之前那么强烈，因为这涉及银行和信贷部门及信贷人员自身业务考核，会计盈余信息真实，对他们来说不见得是件好事。从投资者的方面来看，就目前我国证券市场而言，投资与投机并存，他们对所披露的会计盈余信息是否真实并不关心，所关心的是会计盈余信息是否会令股价上升，因为这才是他们的利益所在。而经营者与所有者之间的博弈，经营者直接管理着企业，对企业的经营运作负直接责任，也知道自己的态度和能力并能对企业经营状况和自身的经营业绩作出客观的评价，因而他有着得天独厚的信息优势；而所有者不直接参与企业经营过程，只能通过经营者披露会计信息来了解企业的经营状况。经营者考虑自身的利益所提供的信息只会披露边际收益等于边际成本这一点的量，以满足自身利益最大化的要求，而不是从社会利益最大化的角度去披露应该披露的会计信息。这样一来，所有者相对处于劣势地位。同时，由于信息不对称，经营者利用自身占有的信息优势实行“内部人控制”，以致产生道德风险问题。可见，经营者与所有者、经营者与政府、经营者与债权人、经营者与投资者、经营者与审计师的博弈尚缺乏一个充分均衡的过程。

5. 经营者以外的会计盈余信息使用者（可形象地称为会计信息方面的“弱势群体”）的地位和利益也并非一致，甚至存在着冲突。单个的会计信息使用者拥有的企业权益份额、认知禀赋和由此决定的谈判能力是存在差别的，这将导致不同会计盈余信息使用者在会计信息的获取上面临差异，甚至对于反映企业基本情况的会计信息，管理当局在提供信息时也可能存在着歧视。这样，一些信息使用者可能因其财富显示信号导致的博弈能力而获得更多的会计信息，从而内部化大部分会计信息带来的外部性；而另一些使用者将获得较少的会计信息，外部性对于他们而言，要么默默地承受，要么以用脚投票的方式予以规避。由此可能产生大股东和管理当局共谋（collusion）损害小投资者和其他信息使用者利益的情况。因此，我们认为一方面从博弈论的角度，对会计盈余信息供需关系进行博弈分析是一个有效的研究工具，另一方面还应充分关注现实经济中各种复杂的因素，以弥补理论分析的不足，使得研究结论更加客观、全面。

第六章　会计盈余信息质量评价体系研究

本章将在以上各章关于会计盈余信息质量相关理论研究的基础上，梳理会计界关于会计信息质量的评价思路，寻求可供借鉴的内容，探讨会计盈余信息质量评价指标体系的建立问题。

第一节　会计盈余信息质量评价思路

一、会计界关于会计信息质量的评价思路①②

（一）Schipper 和 Vincent 对会计信息质量评价思路的概括

Schipper 和 Vincent（2003）将财务会计信息质量评价的基本思路归纳为五种：（1）盈余时间序列特征的思路，如 Easton 和 Zmijewski（1991）及 Lipe 和 Kormendi（1994）的研究。（2）FASB 概念框架下的质量特征思路，如 Mikhail、Walther 和 Willis（2001）的研究。（3）收益、现金和应计账款相互关联的思路，如 Lev 和 Thiagarajan（1993）的评价思路。（4）实施决策的思路，如 Ramkrishnan（1991）的研究。（5）Stephen 和 Pen－man（2001）提出的价值导向（based on value）的评价思路。

（二）Jonas 和 Blanchet 对会计信息质量评价思路的概括

Jonas 和 Blanchet（2000）对会计信息质量评价思路的概括与 Schipper 和 Vincent（2003）的角度有所不同，他们将财务会计信息质量评价基本思路归纳为五种：（1）FASB 概念框架思路。（2）美国 POB 审计独立性顾问

---

① 本节内容主要参阅了王永海（2006）的相关研究。

② 一些研究者主要从会计信息质量这一宏观角度设计会计信息质量评价体系的，本节将其限定在微观范围内，即会计盈余信息质量的评价。

分会（1994）提出的评价思路。（3）盈余持续性模型思路。（4）SEC 模型思路。（5）AICPA 财务报告特别委员会（1994）提出的评价思路。Jonas 和 Blanchet（2000）认为，上述五种思路可以归结为两大类，即信息使用者需要思路和股东（投资者）保护思路。信息使用者需要思路特别关注财务会计信息的相关价值，即决策价值；股东（投资者）保护思路特别关注公司治理及其相关的管理层的管家责任。FASB 概念框架思路、AICPA 财务报告特别委员会的评价思路、盈余持续性模型评价思路都是按照（信息）使用者需要思路建立的，而 SEC 模型评价思路、Kirk 委员会的评价思路是按照股东（投资者）保护思路建立的。

（三）美国财务分析师协会的评价思路

美国财务分析师协会（FAA）下设的公司信息委员会每年定期发表《公司财务报告评价》，为投资者判断提供必要的信息。该报告按照公司经营结果和盈余质量的可比性以及未来经营状况预测的相关性评价各行业的财务报告，其评价要素包括公司经营目标和战略的清晰描述程度、报告披露的坦诚、管理的可达性、管理当局与投资者的沟通、信息披露的公平与公正、信息及时披露、与分析师的定期会谈、问题的追踪调查、现场观察、处理投资者关系的职员素质（包括客观、诚实和信息灵通）等方面。公司信息委员会还分别针对公司 CEO 函、年度报告和季度报告制定评价要素。

（四）各种评价思路的总结与启示

1. 评价思路是会计目标理论的体现。财务会计信息质量的评价思路受到评价人或机构立场的影响。按照 Jonas 和 Blanchet（2000）的研究，财务会计信息质量的评价思路主要分为信息使用者需要思路和股东（投资者）保护思路。信息使用者需要思路集中评价财务会计信息的预测价值，它体现的是对会计信息决策有用观的认可和运用；而股东（投资者）权益保护思路集中评价财务会计信息的可靠性，将会计信息的目标定位于评价信息提供者的受托责任，它是受托责任观在会计信息质量评价方面的继承与发展。

2. 盈余信息质量评价是会计信息质量评价的重点。除美国财务分析师协会的评价思路外，其他评价思路基本上将盈余信息质量作为公司会计信息质量的主要内容，评价指标体系总体上是围绕盈余信息质量特征而建立的。

3. 评价体系以会计信息质量特征理论为基础。不同的评价思路建立在其对会计信息质量特征的描述和界定上。信息使用者需要思路强调会计信息的相关性质量特征，而股东（投资者）权益保护思路集中评价财务会计信息的可靠性。

4. 基于投资分析人需要的评价思路注重分析财务会计信息的产生过程，特别强调公司管理层对财务会计信息质量的影响，这与我们关于会计信息供应主体的界定是一致的。

5. 上述各种评价思路一致认为，公司财务行为是影响公司财务会计信息质量的主要因素，公司会计行为只是影响财务会计信息质量的次要因素。因此，对于会计信息质量评价指标的设计应该兼顾各种因素对会计信息质量的影响，既要避免主次不分，又要避免顾此失彼。

6. 由于会计信息使用者对会计信息的需求是一个不断变化的过程，因此，任何评价思路都不可能是一成不变的，任何评价指标体系也不是一劳永逸的。基于变化了的会计信息需求，适时调整评价思路及评价指标体系，是会计界永恒的课题。

二、关于会计盈余信息质量评价的思路

上述分析表明，尽管学术界关于会计信息质量评价体系的描述还未形成共识，但有一点是相同的，即都将企业会计盈余信息质量的评价作为研究重点。其原因是盈余及盈余质量对于信息使用者的重要性。正如 Beaver（1999）所言，没有任何数字能够像盈余那样吸引投资者的注意力。因此，关于盈余信息的质量特征及其评价的研究一度成为会计研究的重点和主流。

20 世纪 70 年代以来，随着决策有用性会计目标的流行，现金流量信息开始受到普遍关注。FASB 认为，与特定企业最直接相关的财务信息的潜在使用者，一般较关注企业获得有利现金流量的能力，因为他们的决策都与期望中的现金流量金额、时间和不确定性有关（FASB，1978）。但同时它又坚持盈余信息是最重要的会计信息的观念。FASB 在第 1 号财务会计概念结构中就曾指出：“采用应计制会计来计量企业的盈余及其组成，一般比当期的现金流入或流出能更好地说明企业的业绩。”FASB 还含蓄地

批评现金流量表："财务报表如果只列示在一个短期内，诸如一年内的现金流入和流出，就不能充分表明企业的业绩是否优越。"在这种情况下，学术界关于会计信息质量评价的研究实际上是围绕现金流量及应计制下会计盈余信息的决策有用性而展开的。

Lorek（1996）认为，即使是盈利企业也可能存在负的现金流量，尤其是成长型企业，因此，对盈余信息的评价应结合现金流量的分析。Lawson（1997）认为，现金流量报告对于反映企业业绩是必不可少的，现金流量而非利润是主体活动的最终结果。利润是抽象化的，而现金才是实体的资源，企业的价值最终是由现金流量而不是权责发生制（即应计制）利润所决定。Watts（1998）指出："会计盈余是根据不同的基础计算出来的，有时采用历史成本原则来估计收入和费用，有时则采用现行市场价值。结果，会计盈余是一些毫无意义的数字……说明不了什么问题。"Damodaran（1998）认为，企业的现金流量而非应计制收益是企业价值的最终决定因素，现金流量与应计制收益结合起来比任何一个单独使用更为有用。很多研究证明，公司的价值基础是现金流量。当现金流量与盈余不一致时，公司的价值变化与现金流量的变化更为一致，而与盈余的变化无关。Venkatesh（2002）认为会计盈余受到会计政策等多方面的影响，其可靠性不如现金流量。比较起来，Black（1999）的论点较为中性，他认为盈余信息在一个企业的成熟阶段具有更高的决策相关性，而现金流量在企业成长阶段或不确定性情况下具有更大的决策相关性。

国内学者针对应计制下会计盈余与现金流量在指标评价方面的差异以及评价指标体系的建立进行了研究。储一昀等（2000）的研究表明，我国上市公司盈余和现金流入不同步，而且存在一定的盈余操纵行为，超过七成的公司现金流入滞后于盈余的确认。郭菁（2001）认为，当信息使用者侧重于了解企业的现金流转情况和偿债能力以及评价企业价值时，现金流量信息更为重要；当信息使用者要预测企业未来的现金流量和评价企业的经营业绩时，则盈余信息更为重要。耿建新（2000）发现，企业调整后每股现金下降，可能预示经营业绩也在下滑；当企业调整后每股现金下降且净利润现金差异率显著高于同行业平均水平时，该企业可能存在盈余操纵行为。陆静等（2002）发现投资者对上市公司价值的评估往往局限于每股收益，忽视了现金流量等其他财务指标。张俊瑞等（2002）计算了 118 家上市公司连续三年的每股收益与每股经营现金流量的相关系数后，得出了两者弱相关的结论。李爽等（2002）基于对东南亚金融危机的分析，提出了以现金流量为基础的财会计信息质量指标分析体系。关于会计信息质量的评价方法，潘琰（2000）建议上市公司的经营业绩评价可用主成分评价法来反映；刘星等（2001）在分析盈余信息变量的均值和相关性的基础上，采用主成分分析法和最大方差旋转法，获得了反映盈余信息变量的四个主因子；晏静（2001）认为，导致银广夏等事件发生的根本原因是传统的财务分析和业绩评价指标体系存在缺陷，并设计了现金流量分析的基本财务指标；鲁桂华（2001）建立了现金流量综合分析方法的一般代数模型；唐建荣（2001）通过因子分析确定了各指标的权重并据此建立了综合评价模型。

上述关于企业会计盈余信息质量的评价基本上都是基于应计制会计确认基础。尽管已有不少学者提出应重视现金流量指标在企业会计信息评价中的作用，但目前的研究仍处于相互分离状态：或者注重传统分析，或者过分强调现金制的作用。事实上，虽然在会计理论中，会计确认基础存在由单一的应计制向应计制和现金制融合的方向发展的趋势，但其有效性仍需长期的检验。因而过分依赖某一基础，很可能导致评价结果的两极分化。如何将两种基础科学地结合起来，兼顾决策有用观与受托责任观，构建企业会计盈余信息质量评价体系，还有待于进一步的研究与探讨。

基于上述认识，本书对于盈余质量评价体系的设计和构建，将以盈余信息的质量特征为基础，力图满足盈余信息各使用者的需求。为此我们应对盈余信息的质量特征作进一步的考察。

第二节　关于会计盈余信息质量特征的界定

一、关于会计信息质量特征理论研究的历史回顾

会计盈余信息是会计信息的组成部分，界定会计盈余信息的质量特征还应以会计信息的整体质量特征界定为基础。会计信息质量特征作为会计理论或财务会计概念框架（concepual framework for financial accounting）的一个重要组成部分，是随着财务会计概念框架理论研究的深入而逐渐成为

会计领域的重要理论范畴的。对会计概念框架研究历史的回顾，有助于梳理、把握财务会计信息质量特征理论研究的脉络及基本轨迹。[①]

（一）关于会计信息质量特征的早期研究

美国会计原则委员会的《会计研究论文集（ARS）》ARS No. 1“基本会计假设”（Moonitz，1961）和 ARS No. 3“试论企业广泛适用的会计原则”（Sprouse & Moonitz，1962）是可用于准则制定的重要基础理论成果，也是由美国准则制定机构自己开展财务会计概念框架的前驱。ARS No. 1 已考虑到会计目标，但没有提供会计信息使用者所需的信息和会计信息的用途。ARS No. 3 在 20 世纪 60 年代已经主张采用现行（重置）成本会计，而与当时所广泛推行的历史成本相对立。虽然没有提出会计信息、会计信息质量特征的概念，但是他们已经开始考虑会计信息为什么目标服务的问题，因此，可以被认为是会计信息质量研究的萌芽。

（二）美国会计学会关于会计信息“评价标准”的描述

美国会计学会（AAA）在 1966 年发表的《论会计基本理论》（*A Statement of Basic Accounting Theory*）文件中指出，对实现会计目标的会计信息的评价标准是相关性、可验证性、免于偏见性、可定量性（指会计人员的特殊责任就是处理定量化的数据资料）。在此阶段他们已经提出会计信息的概念和其评价标准，但还没有明确提出会计信息质量特征的概念。这里提出的相关性、可验证性和免于偏见性对后期的发展影响重大，构成了美国财务会计准则委员会会计信息质量特征的概念公告的组成部分。

（三）美国会计原则委员会关于“财务会计基本特征”概念的描述

美国会计原则委员会 1970 年颁布的《企业财务报表的基本概念与会计准则》第一次提出了“财务会计基本特征、一般目标和质的目标”。这些目标包括相关性、可理解性、可验证性、不偏不倚性、及时性、可比性、完整性等。此阶段的研究比 1966 年美国会计学会提出的建议中增加了及时性、可比性、完整性和可理解性，删除了可定量性，进一步完善了会计信息质量特征应包含的内容，为 FASB、IASC 等机构的会计信息质量特

---

① 鉴于葛家澍（2003）、裘宗舜（2001）相关研究已具有的系统性及全面性，本书将其主要观点进行了归纳、整理及引用。

征理论体系的计量奠定了基础。

（四）特鲁伯罗德报告（Trueblood Report）与财务会计信息质量特征

1971 年 4 月，美国注册会计师协会（AICPA）组织下的特鲁伯罗德（Trueblood）研究小组，开始对财务报表的目标等进行研究，并于 1973 年提交了著名的 Trueblood Report。该报告以谁需要何种信息为研究起点，重点探讨如何建立这种信息的质量保证体系。它认为，会计信息的主要使用者是投资者，与投资者经济决策的相关性是财务会计信息的第一质量特征。该理论对会计理论研究产生了深远的影响。在此后的一个时期，主流会计学者关于会计信息质量的研究基本上都是按照或参考这一报告的研究思路展开的；决策有用论被普遍接受和引用，并被作为构建财务会计理论结构的逻辑起点。[①]

（五）SFAC No. 2 与财务会计信息质量特征

美国财务会计准则委员会在上述各机构研究的基础上，特别是借鉴了特鲁伯罗德报告的研究成果，并经过大量调查研究后，于 1980 年 5 月颁布了《论财务会计概念》中的第 2 号概念公告《会计信息质量的特征》（即 SFAC No. 2），提出了有创见性的财务信息质量特征体系，构建了会计信息质量特征的层次结构，成为会计信息质量特征研究的集大成者。

（六）IASC《财务报表的编制框架》与财务会计信息质量特征

国际会计准则委员会（1989）将财务报表的质量特征描述为使财务报表提供的信息对使用者有用的那些性质。在其公布的《财务报表的编制框架》中，会计信息质量特征主要有四项，即可理解性、相关性、可靠性和可比性。可以看出，IASC 关于会计信息质量特征的限定，是对 FASB 概念框架的借鉴与发展，由此也可看出 Trueblood Report 的持续影响力。

（七）ASB《财务报告原则公告》与财务会计信息质量特征

英国会计准则委员会（ASB）在借鉴美国和 IASC 的研究成果的基础上，于 1999 年发表了《财务报告原则公告》（*Statement of Principles for Financial Reporting*，*SPFR*）。该报告认为，会计信息质量特征可以分为两部分：其一，它与财务报告的内容有关，即会计信息必须具有相关性和可靠

---

① 杨时展：《会计信息系统说三评》，载《财会通讯》，1992（6）。

性两个质量特征；其二，它与信息的表述或表示有关，即会计信息必须具有可理解性、可比性、一致性等质量。从这种描述中，我们可以看出它与IASC的《财务报表的编制框架》之间的相似之处和渊源关系。①

从上述描述可以看出，在不同时期，不同国家或机构的研究各有异同，都具有各自研究的创新点。在继承与发展的基础上，关于会计信息质量特征的研究得以不断深化，日趋完善。另外，关于会计信息质量特征的研究是随着会计目标或概念框架的研究一同进行的，甚至被作为会计目标的一个组成部分，直至20世纪80年代才形成一个独立的课题。

二、我国会计信息质量特征的分析

我国目前还没有会计信息质量特征的具体描述，对会计信息质量的要求体现在2006年发布的《企业会计准则——基本准则》中。与前述美国、英国、IASC、法国、德国、日本等国家或机构的会计信息质量特征进行比较，可以发现，我国的会计信息质量特征有以下特点：

（一）会计信息质量特征的内容偏向于美国、英国和国际会计准则的要求。我国的经济、政治和立法环境与它们相差较远，而与法国、德国和日本更加接近，但是我们在会计信息质量特征的内容方面却是借鉴前者。刘玉廷（2001）② 认为，在借鉴国际会计理论的过程中，还应当更多地参考和借鉴法国、德国、日本等大陆法系国家的会计准则。

（二）虽然我们借鉴了英美和IASC质量特征的内容，但却没有像它们那样形成层次性，而是将对质量的要求和对核算的要求罗列在一起作为一般原则，没有主次之分，也没有质量特征和约束条件的区分。

（三）在一些表面相似的质量特征上，其内涵并不相同。例如，在重要性的含义描述上，FASB将其作为约束条件，认为它是指会计信息对决策影响程度，财务报告应该涉及那些重要的足以影响评价或决策的信息，ASB也将其作为最低质量要求，认为不符合重要性的信息一般不再考虑其他质量，而IASC将其作为相关性的一部分。我国规定“财务报告应反映与企业的财务状况、经营成果及现金流量有关的所有重要交易或事项”。

---

① 英国是IASC的成员国，其会计理论和实务将受到IASC的直接影响。

② 刘玉廷：《企业会计制度讲解》，北京，中国财政经济出版社，2001。

它是相对于全面披露而言的，要求在总体中突出重点，是一种披露要求。

（四）我国对信息质量特征的形式要求类似法国、德国和日本，都是以行政规定增强其约束性，而不是像美国和IASC那样形成单独的概念公告或框架。由于会计信息质量特征是会计理论的重要组成部分，因此，为突出其理论指导作用可以考虑将其单独列出，自成体系。

三、关于会计盈余信息质量特征的界定

（一）基本原则

基于上述综合比较及分析，我们认为，从我国的实际会计环境出发，借鉴国际会计信息质量特征理论，建立我国的会计盈余信息质量特征体系，应坚持以下原则：

1. 受托责任观与决策有用性融合。在委托—代理结构下，企业首先要向资源委托者提供客观和可靠的信息，使得委托方能够评估和监督资源受托者的经营责任，它强调信息的可靠性。其次是向其他利益相关者以及对企业感兴趣的群体提供对决策有用的信息，主要是相关的信息，最为相关的信息是企业未来现金流动的金额、时间分布及确定性程度。

2. 前瞻性与国情兼顾。信息质量特征作为会计理论的组成部分，应该具有前瞻性和稳定性，才能在社会经济环境的动态运动中起到总体指导作用。随着国际资本的流动和跨国企业的发展，关于会计盈余信息可比性的要求日益迫切。我国会计盈余信息质量体系的建立应该跟上时代的步伐，借鉴发达国家已有的研究成果。同时也应当注意，我国还处在市场经济的初级阶段，具有自己独特的国情，一味地照抄照搬将使我国的会计信息质量体系成为空中楼阁。因此，我们应遵循前瞻性与国情兼顾的原则，在继承和发展的基础上，结合本国政治经济环境，构建我国的会计盈余信息质量特征体系。

3. 相对独立与已有会计法规呼应。我国的《企业会计准则》对企业而言是一种强制执行的法规。会计信息质量特征作为财务会计理论的一部分，发挥的是总体指导作用。因此，会计盈余信息质量特征体系的建立，必须与现行的会计规范相互呼应和协调，以实现强制性法规与指导性理论的有机统一。

4. 成本与效应匹配。如上所述，提供会计信息既会带来某些效益，也

必定会发生一定的成本，成本效应原则贯穿于会计信息供求博弈关系的全部过程。对一项盈余信息来说，即使它的披露与决策相关，能有利于投资者了解企业的财务状况和业绩以作出相应的决策，但如果为了提供这项信息花费的成本大于其所产生的效益，得不偿失，那么企业将不会提供这项信息，或者只提供与其成本相匹配的信息。因此，我们对于会计盈余信息质量特征的预期与设计，应以信息供应成本与效益的配比状况为前提，关注理想与现实的距离，提高会计盈余信息质量特征体系的可行性。

5. 体系内质量特征之间的协调。在会计实践中，一些信息质量特征是此消彼长的。比如相关的信息不见得可靠，可靠的信息有时也不相关；客观的信息可能不符合谨慎原则，过分谨慎的信息又可能伤害信息的有用性。这样就要求我们在质量特征之间进行协调和权衡，以达到质量特征之间的适当平衡，以免顾此失彼，无法满足各信息使用者的需求。

（二）我国会计盈余信息质量特征体系的基本框架

本着以上原则，我们认为，我国的会计盈余信息质量特征体系，至少应涵盖如下内容：

1. 关于会计盈余信息的使用者。我们把会计盈余信息的主要使用者定位于资产所有者，基于以下判断：

美国 APB 于 1970 年 10 月发布的第 4 号公告（APB Statement No. 4）和 AICPA 下设的 Trueblood 委员会 1973 年 10 月发布的研究报告《财务报表的目标》（*Objectives of Financial Statements*）（即 Trueblood Report）建立了以资产所有者的财务信息需求推定财务会计信息质量的研究思路。美国 FASB 分别于 1978 年和 1980 年发表的第 1 号和第 2 号财务会计概念公告（即《企业财务报告目标》和《会计信息的质量特征》）正式确立了“财务会计信息需求”研究思路。在这个思路下，财务报表的目标是服务于那些获得信息的权力、能力或渠道受到限制的使用者，启迪那些以财务报表作为获得企业经济活动信息主要来源的使用者。具体来说，财务报表的使用者有股东、债权人、政府机构、公众利益团体、管理层、客户、工会等。FASB 第 1 号财务会计概念公告认为，尽管外部使用者是不同的群体，他们对财务会计信息的需求不完全相同，但是，在本质上，财务报表一定要服务于一般目的而不是特殊使用者群体的特殊要求。

这种观点抽象地以市场中一般投资者的信息需求作为研究的出发点，

而不是在资产所有者（投资者）与企业管理层的委托—代理结构中研究投资者对财务会计信息的需求。这种研究思路一方面缺乏对会计信息的产生及其内涵的系统研究；另一方面也混淆了投资者在市场中的理性选择与资产所有者在企业组织中的对策行为（gamble behavior）之间的界限，从而模糊了人们对财务会计的认识（王永海，2000）。

上文在进行会计信息的供求关系时提及，会计信息的需求主体是股东和债权人，与王永海（2000）的研究结论基本吻合。在其研究框架下，财务会计信息是企业组织对资产定价的结果，它本质上来源于企业组织，只有当企业组织出现以后才会出现现代意义的财务会计信息。财务会计信息是企业组织按照共同理解的会计理论和概念框架以及公认会计准则向资产所有者公开披露的一种标准的财务信息。在委托—代理的企业组织结构中，资产所有者使用财务会计信息的主要目的是为了实现其长期收益的最大化，因此，财务会计信息主要与资产所有者的权益保护有关。这里，可以将财务信息和会计信息进行区分。财务信息是企业对资产定价的结果，是资产所有权在资产选择和管理上的具体表现形式，财务信息衍生出的财务会计信息是企业组织委托—代理结构进一步细化和完善的结果，财务信息可能与企业的财务决策有关，也可能与资产所有者的权益保护有关。据此，我们将会计盈余信息的主要使用者定义为资产所有者。

2. 关于会计盈余信息的用途。基于以上分析，并在吸收决策有用观及受托责任观理念的基础上，我们认为，会计盈余信息的用途是评价代理人的受托责任（以实现对资产所有者的权益保护）及为决策服务。

3. 关于会计盈余信息质量特征的层次性。我国的会计盈余信息质量特征体系，可安排以下层次：总体质量特征，主要质量特征，次要质量特征以及约束条件。由于会计信息是为报表使用者服务的，不被理解的会计信息等于无用，所以信息必须清晰明了，便于使用者理解和利用。因此，可理解性作为联系使用者和会计盈余信息质量特征的纽带，应贯穿于各层次质量特征之中。

4. 关于总体质量特征。我国与法国、德国、日本等国家类似，属于大陆法系，对会计处理的规定都以法律或行政法规的形式强制企业执行。无论是可靠的还是相关的信息，都必须在法规范围内作选择。因此，我们将合规性作为会计盈余信息的总体质量特征。目前我国的经济和市场正处于不断规范和完善的阶段，合规性质量要求具有现实的必要性。

我国的会计法规体系是以《中华人民共和国会计法》为基础，分为会计准则、会计工作条例、会计制度多个层次，形成一个比较完整严密的法规体系，以此来规范企业及行政事业单位的会计行为，保障会计盈余信息质量，维护社会经济的正常秩序。如果说质量是会计的生命，那么合规性就是会计生命的保障。在我国，虽然人治的历史悠久漫长，但是法治的观念也早已根深蒂固。“没有规矩不成方圆”的共识，已经成为中华文化的组成要素。无论是鉴定会计盈余信息质量还是检查评价会计工作，都离不开会计法规的依据。

5. 关于主要质量特征。会计盈余信息的主要质量特征是可靠性和相关性。相关性和可靠性两者之间缺乏任何一个，都将导致会计信息的无用或失真。两者相互依存，相互影响，共同构成会计盈余信息的主要质量特征。但两者也经常存在矛盾，相关的信息不见得可靠，而可靠的信息与作出经济决策又不见得相关。当矛盾发生时，应该如何选择？从前面对各国和组织会计信息质量特征的比较可以看出，美国 FASB，英国 ASB 和 IASC 都将相关性和可靠性并列作为首要质量特征，但又有所不同。美国似乎比较赞成相关性优先，这一点在 Wallman（1995，1996），AICPA（1994）等学者和专业团体的研究成果中得到体现；[①] 而英国 ASB 于 1999 年 10 月通过的“Statement of Principles for Financial Reporting”（以下简称 10 月公告）与同年 12 月公布的财务报告原则公告有明显不同。10 月公告认为，如可靠性和相关性相互排斥，那么，有用的信息应是“那些可靠信息中最相关的项目”。该公告把可靠性作为相关性的前提和基础。时隔两月，ASB 对此进行了修改，强调应提供相关性最大的信息。在考虑可靠性和相关性并重的情况下，选择相关性最大的方法来产生信息。但在该公告第 6 章中，作了这样的说明：“如果历史成本计量基础和现行价值计量基础都是可靠的，那么，较好的一种计量是其中最相关的一种计量。”可见，10 月公告关于在可靠性的前提下选择最相关的方法（信息）的精神在 12 月公告中得以保留。由此可见，可靠性和相关性都是会计信息质量特

① 更详细的文献可参阅葛家澍：《财务会计概念框架与会计准则问题研究》，北京，中国财政经济出版社，2003。

征必不可少的部分，但当双方发生矛盾时，如何抉择仍然是一个棘手的问题。

为了得出结论，我们应对可靠性和相关性的内涵作进一步的考察。

可靠性指会计信息是值得信赖的，能确保信息真实反映它意欲反映的，能够免于错误或偏差。只有当会计信息反映了其所打算反映的内容，不偏不倚地表述了实际的经济活动和结果，既不偏向于事先预定的结果，也不迎合某一特定利益集团的需要，而且能够经得起验证核实，才能认为是具有可靠性的。可靠性包括真实性、中立性、可核性和完整性。信息提供者以中立的立场提供的信息，具有可核性或可验证性，就可在一定程度上减少会计人员的偏差，确保信息的可靠性。但可靠性不同于客观性。客观性是要求会计核算以实际发生的交易或事项为依据如实地反映，而可靠性则是指会计信息足以值得信赖。所以，会计信息的质量特征应表述为可靠性，而会计核算原则可表述为客观性原则。

另外，在强调可靠性的同时，也应该重视信息的相关性，即要求会计信息应与其使用者的经济决策相关，对决策者有用。会计信息的可靠性与相关性是相互依存、互为前提的，会计信息没有相关性，可靠性就失去了意义。相关性包括预测价值、反馈价值、及时性和重要性。IASC 认为及时性属于限制因素，FASB 认为重要性属于信息质量的取舍标准。一些学者认为及时性属于会计核算原则，不应该列在信息质量特特征体系中。笔者认为，及时的信息对于决策起关键作用。当足以影响决策的事项发生时，如果没有及时对外报告，信息使用者可能因此作出错误决策。重要性是由信息不对称造成的。如果某项信息的不报或者错报影响使用者作出正确的经济决策，该信息就具有重要性。对于重要的信息，应当单独列报，重要性应该作为相关性的构成成分。但是对重要性的衡量比较困难，只能在会计法规的范围内依靠会计师的专业判断。

基于以上分析，我们认为，合理的选择应是在保证可靠性的基础上选择尽可能相关的信息。目前我国会计信息还主要是为资资产所有者服务。由于政治经济环境的原因，信息使用者对信息的相关性需求还不是很强烈，而对信息的可靠性一直具有很高的期望，会计信息失真是困扰我国会计信息使用者的主要问题。因此，将可靠性作为首选的信息质量特征，符合我国的现实，具有现实的可操作性。

6. 关于次要信息质量特征。从会计盈余信息的内容方面看，它还应具备可比性的质量特征。可比性要求两个不同会计主体同一时期或同一会计主体其前后期的会计盈余信息保持可比。

可比性是可靠性和相关性下的次要质量特征。会计盈余信息可比性的存在有助于评价经营责任和作出经济决策。从这个意义上讲，可比性可以影响可靠性和相关性。反过来，信息的可比也需要以可靠和相关为前提。所以它们之间是相互影响、相互依赖的关系。

关于我国会计盈余信息质量特征体系，可以参见图 6－1：

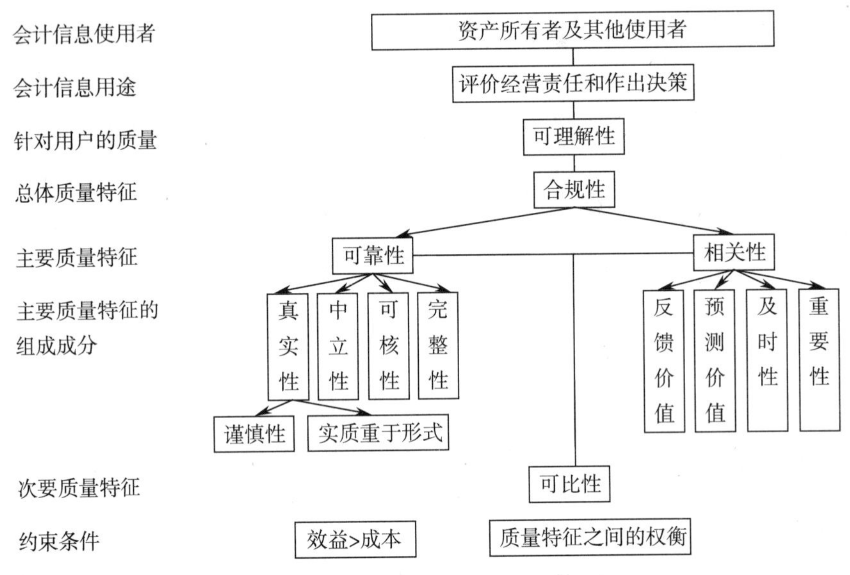

图 6－1　我国会计盈余信息质量特征体系

上述内容将以往研究中对盈余质量的度量统一于会计盈余信息的质量特征框架之下，既可以较准确地体现盈余质量的内涵，即盈余质量的本质是盈余信息的质量特征，又可以较完整地涵盖盈余质量的外延，即盈余质量的外在表现形式包括盈余的预测价值、反馈价值、如实表述、中立性、可核性等。由此可见，盈余质量是一个外延很大的概念，如何设计企业盈余质量评价指标是一个非常复杂的问题。

第三节　会计盈余信息质量评价指标体系

一、关于盈余信息合规性的评价

在本书关于我国会计盈余信息质量特征的论述中，我们将合规性作为会计盈余信息的总体质量特征，这是由我国现实的会计法规框架决定的。由于合规性是总体的质量特征，是对盈余信息所有质量特征的总体要求，因此对合规性的评价指标体现在其次级质量特征的评价指标体系内，如相关性的评价指标、可靠性的评价指标等。

二、预测价值指标

预测价值是指信息帮助信息使用者增加正确预测未来的能力。信息的变动越稳定，预测就越容易，所以一般都用会计盈余的“可持续性”作为替代指标。

（一）基于盈余结构的评价指标

公司的长期行为是由它的发展战略引导的，公司的各项发展战略是为其核心业务发展而设计的，各项资源也主要是为其核心业务准备和服务的，因此未来总收益的成长性主要取决于其核心盈余的成长性。公司主营业务收益大小、所占总收益的比重及其变化趋势是对公司收益稳定性和战略实施效果的有效度量，所以收益总体结构是否合理一定程度反映了收益的长期稳定性。

1. 营业利润与利润总额的比率 $= \dfrac{\text{营业利润}}{\text{利润总额}} \times 100\%$

该指标值越高，说明营业利润占利润总额的比重越大，企业盈余的稳定性就越好。在对该指标进行分析时，可以进行连续几年对比，以分析其变化趋势。如果该比率稳定在较高的水平且逐渐增大，说明该公司的主营业务鲜明，可以预期其现有收益能够持续下去。

2. 营业利润增长率 $= \dfrac{\text{本年营业利润增长额}}{\text{上年营业利润额}} \times 100\%$

该指标反映了营业利润的变化趋势。该指标值如果连续几年大于0，说明企业的营业利润逐年增长，主营业务发展良好。该指标值越大，说明企业的主营业务发展越快，企业的未来盈余就越具有良好的预期。

（二）基于非经常盈余的评价

这里我们以会计政策以及会计估计的变更作为影响当期盈余值的一次性事件的代表，相应地就以会计政策及会计估计变更造成的对本期盈余影响值占总收益的比重作为“一次性事件导致的盈余不稳定度”。会计政策以及会计估计的变更将影响当期收益值，为使与上期的收益具有可比性，应该剔除这项变更对收益的影响值。在与同行业其他公司作比较分析时，应该以某一会计政策和会计估计为准，对公司的收益进行必要的调整以使彼此的收益具有可比性。显然会计政策及会计估计变更对本期收益影响越大，则收益的不稳定度越高，盈余质量越差。

$$扣除非经常损益的每股收益增长率=\frac{\begin{array}{c}本年扣除非经常损益\\后的每股收益增长额\end{array}}{\begin{array}{c}上年扣除非经常\\损益后的每股收益\end{array}}\times 100\%$$

由于该指标扣除了非经常损益，因此事实上反映了经营活动每股收益的变化情况。它可以与营业利润增长率一起进行趋势分析。该指标可以反映主营业务盈余的稳定增长性及其发展趋势。

（三）基于企业外部环境因素盈余稳定性的评价

评价公司的盈余质量时，公司的外部经营环境因素影响分析是必要的，包括政治和经济环境因素的影响，这些因素是管理者无法控制的。比如对于公司来自于经济和政治不稳定国家的经营收益就可能被认为是低质量的，因为收益来源国可能对这部分收益的遣返设置障碍。另外政府的价格和工资管制同样将对收益的稳定性造成负面影响，从而降低盈余质量。投资者应该分析判断哪些盈余极可能仅在当年特定外部经营环境下才能取得，这里投资者可以采用主观概率法或专家意见法进行分析判断。这部分盈余是相对不稳定的。其占总收益的比重就作为公司外部经营环境因素导致的盈余不稳定度，比重越大，则此项不稳定度越大，盈余质量越差。

（四）基于基本财务信号的盈余持续性评价

Lev 和 Thiagarajan 提出将综合财务计分法作为可持续性盈余的测量方法。他们认为可以利用会计数据作为捕捉当前的盈余是否可以持续的基本信号，这些信号包括应收账款、毛利润、销售费用、资本支出率及存货计价方法等，且首先证明了这些信号的价值相关性。为使评价指标与我国的会计盈余质量特征更吻合，我们在 Lev 和 Thiagarajan 提出的指标体系的基础上，对指标进行修正和扩展，形成如下评价指标：

1. 销售收入变动百分比与存货变动百分比的差值。设计该指标的目的在于通过企业的存货情况考察企业的盈余质量。企业存货的增长超过销售增长，表明公司销售过程的不畅及营运资金的大量占用。

2. 销售收入变动百分比与应收账款变动百分比的差值。应收账款是企业盈余形成过程中企业信用政策实施的结果。应收账款增长率超过销售增长率说明现金收回相对困难、坏账费用发生的可能性较大及销售增长速度减缓。

3. 销售毛利变动百分比与销售收入变动百分比的差值。通常情况下，销售毛利变动百分比即企业毛利率将受到行业竞争程度、公司固定和变动成本关系的综合影响。任何影响毛利率的行为都将影响公司的长期绩效，毛利率相对销售不成比例的减少是不利的，对盈余质量将产生负面影响。

4. 销售收入变动百分比与销售和管理费用变动百分比的差值。公司销售及管理费用是其产品进入市场产生盈余的必然代价。在销售及管理费用的组成内容中，有相当部分是相对固定的，不随公司销售量的变动而变动，其增长速度超过销售增长时将带来较低的盈余质量。

5. 单个企业资本性支出变动百分比与行业资本性支出变动百分比的差值。资本支出率是企业经营活动的现金净流量与资本性支出的比率。资本性支出就是为获取固定资产、无形资产及其他长期资产而产生的支出。这一指标反映出企业本期产生的经营活动的现金净额满足资本性支出的程度。这一比率越高，说明企业更能利用自身的盈余进行扩大再生产，企业的资本成本就越低，企业创造未来的收益或利润的能力就越强，企业盈余的持续性程度就越高。公司资本支出增长超过了行业平均水平，说明公司对未来比较乐观，才会加大资本性的投资。

6. 预收账款变动百分比与销售收入变动百分比的差值。该指标揭示企业产品的紧俏性及销售形成的现金流量，与盈余质量呈正相关关系。

7. 资产效率指标。其计算公式为

$$资产效率 = \frac{\dfrac{当期销售收入}{当期总资产} - \dfrac{前期销售收入}{前期总资产}}{\dfrac{前期销售收入}{前期总资产}}$$

一般而言，高质量的盈余是通过高质量的资产得到的。在科学有效的管理下，其资产的更新是有规划的。所以，企业资产的使用效率可以从一个侧面反映企业盈余的质量状况。

8. 实际税率$_{T-1}$ - 实际税率$_T$。该指标考察税率变化对当期税前盈余的影响。

三、反馈价值指标的设定

反馈价值是指盈余信息能把过去决策所产生的实际结果反馈给决策者，使决策者与当初决策时所预期的结果相比较，判断过去的预期是否有误，并将其作为将来决策时的参考。这一特征着重于确认或修正投资者先前的预期。

（一）基于企业价值模型的评价指标

Feltham 和 Ohlson（1995）的研究表明，在理想状态下一个企业的价值可表示为 $MA_t = bv_t + g_t$。其中：MA_t 是时点 t 的企业市场价值，bv_t 是时点 t 资产负债表中的企业资产账面净值，g_t 是对未来非常盈余的期望现值。由上述模型可求得 $g_t = MA_t - bv_t$，g_t 的变动率反映盈余信息使用者对未来非常盈余的期望变动率，g_t 的变动率与盈余变动率的比值即可用来度量盈余信息的反馈价值。

将各公司期望变动率与盈余变动率的比值按其分布特征从小到大分为三个等级 Q_1、Q_2、Q_3，三个等级的原始得分依次为 1、2、3。反馈价值的原始得分越高，则盈余信息的反馈价值越高，盈余信息的相关性亦越高。

（二）基于现实的简化指标

上述评价指标在计算中的复杂性可能会影响它在现实评价过程中的实用性。为此，我们可以利用简化的指标，即股价变动百分比与盈余变动百分比的比值作为衡量反馈价值的指标。根据 Beaver（1989）的观点，企业当期的盈余与未来的盈余是相关的，未来股利与未来盈余也是相关的，未来的股利又将影响股票的价格。如果盈余信息是有噪音的，不能帮助投资者确信或修正他们对未来现金流量的期望，那么股票价格将不会随着盈余的变动而变动。我们把股价变动百分比与盈余变动百分比的比值作为衡量盈余信息反馈程度的晴雨表。此指标的数值越大则说明其反馈价值越高。该指标的计算公式为

$$反馈价值 = \frac{股价变动的百分比}{每股收益变动的百分比}$$

四、及时性指标的设定

在有关的研究文献中，及时性是指会计盈余信息在失去影响决策的功能之前传递给决策者（SFAS No. 2）。Ball 和 Brown（1968）研究发现在盈余信息公布之前，在每年的盈余报告中有 85% 的信息已经被市场所察觉。这说明市场可以利用其他的信息渠道来代替盈余报告的公布。企业越晚公布盈余报告，市场就越可能从其他的渠道来获得信息。Chambers 和 Penman（1993）研究发现市场反应与盈余报告的及时性是相关的，越早公布盈余信息则市场的反应越强烈。因此，我们把及时性作为盈余质量的一个重要的特征。如果市场不能及时地从盈余报告中获取盈余信息，而是从其他的渠道获得相关信息，那么，盈余信息的公布就失去了意义。我们把从会计期末到盈余报告公布之间时间间隔的倒数作为衡量及时性的指标。此指标越大则说明企业公布盈余信息越及时，则其盈余质量越好。

五、中立性指标的设定

中立性是指在会计报告或信息的呈报方面没有偏见，中立的信息不会偏向于获取一个理想的结果或诱致一个具体的行为模式。盈余信息的中立性主要取决于管理层对盈余报告的态度是否公允。如果管理者能忠实地报告盈余，那么盈余数值将是没有偏见的。因此，对盈余信息质量的评价是与对企业盈余管理的研究联结在一起的。我们借鉴陆建桥（1999）关于盈余管理的计量模型，将操控性应计项目占总应计项目的百分比的倒数的绝对值作为衡量中立性的指标。该指标值越小，说明操控性应计项目越显著，盈余信息的中立性越差。下面，我们对其模型化过程作出简单的分析。

由于可控应计利润（Discretionary Accruals，DA）的不可观察性及难以

直接测量，可将非可控性应计利润（Non-discretionary Accruals，DNA）看做是总应计利润的数学期望值，由总体应计利润与非可控性应计利润之差得出可控应计利润。其模型为

$$NDA_t/A_{t-1} = \alpha_1(1/A_{t-1}) + \alpha_2(\Delta REV_t - \Delta REC_t)/A_{t-1} + \alpha_3(PPE_t/A_{t-1})$$

式中：NDA_t 为第 t 年的非操控性应计；

A_{t-1}为 $t-1$ 年的总资产；

ΔREV_t 为 t 年的主营业务收入与 $t-1$ 年的主营业务收入之差；

ΔREC_t 为 t 年的应收账款净额与 $t-1$ 年的应收账款净额之差；

PPE_t 为 t 年的固定资产原值；

t 为事件期年份。

系数 α_1、α_2、α_3 由以下模型在估计期回归得出

$$TA_t/A_{t-1} = \alpha_1(1/A_{t-1}) + \alpha_2(\Delta REV_t - \Delta REC_t)/A_{t-1} + \alpha_3(PPE_t/A_{t-1}) + \xi_t$$

式中：TA_t 为第 t 年的总体应计；

t 为估计期年份；

ξ_t 为残差。

六、反映真实性指标的设定

反映真实性（representational faithfulness）是指对盈余的描述和支持这个结果的表象特征之间保持着一致。我们将净利润现金差异率作为盈余如实表述的评价指标，其计算公式为

净利润现金差异率 =（净利润 - 经营净现金流量）/上年总资产

企业的净利润与经营净现金流量虽然核算基础不同，但它们都来源于企业经营业务活动，所以它们应存在正线性相关关系。另外，比较以往的研究成果发现，将净利润现金差异率作为我国企业信息不实的预警信号效果较为明显。因为该指标可以消除规模的影响，而且其计算公式中的分子出现负值是属于正常情况，分母基本为正值，所以指标失效的可能性较低，更适于作为如实表述的代理变量。

七、可核性指标的设定

公正的会计盈余信息存在“让独立的计量人员采用同样的计量方法，得出高度一致的结果”的特点，它并不强调所使用方法适当与否，而是在

于确保会计人员是否无差别地使用了这些方法。注册会计师承担着检验财务报告的任务，审计人员通过特定的审计程序来检验其经济业务的确认、计量是否符合公认会计准则，最终给出审计意见。因此，我们可以把审计意见的类型作为衡量盈余可核性的指标。审计意见体现了注册会计师对企业披露的会计盈余信息的质量所作的担保程度。审计意见有五种类型：标准无保留意见、带解释说明段的无保留意见、保留意见、否定意见和拒绝表示意见。审计意见的类型直接反映了会计报表是否存在作假以及作假的严重程度。一般来说，无保留意见的审计报告表明企业的会计信息具有较高的信赖度，而如果注册会计师对被审计企业出具否定意见或拒绝表示意见，则往往表明该企业的会计盈余信息质量存在较为严重的问题。

基于审计意见对可核性评价的重要性，在进行评价时，还应注意会计师事务所及其注册会计师的变动状况。更换会计师事务所本是企业的自由，但在当前我国注册会计师的执业环境下，企业更换会计师事务所及执业会计师往往具有各种复杂的原因。这样，对盈余信息可核性的考察，就必须掌握更充分的信息。

第四节　会计盈余信息质量评价体系的应用与检验

一、会计盈余信息质量指标的赋值

（一）预测价值参数

上述反映预测价值的信号如果对未来盈余变化有不利影响，计分为0；反之，如果信号对未来盈余变化存在有利影响，计分为1。将公司以上各信号得分汇总作为其综合财务得分。将各公司综合财务得分按其分布特征从小到大分为三个等级Q_1、Q_2、Q_3，三个等级的原始得分依次为1、2、3。预测价值（盈余持续性）的原始得分越高，则盈余信息的预测价值越高，盈余信息的相关性亦越高。

（二）反馈价值参数

将各公司期望股价变动率与盈余变动率的比值按其分布特征从小到大分为三个等级Q_1、Q_2、Q_3，三个等级的原始得分依次为1、2、3。反馈价值的原始得分越高，则盈余信息的反馈价值越高，盈余信息的相关性亦越高。

（三）中立性评价参数

将各公司主观应计利润的数值按其分布特征从大到小分为三个等级 Q_1、Q_2、Q_3，三个等级原始得分依次为 1、2、3。中立性原始得分越高，盈余信息中立性程度越高，盈余信息可靠性亦越高。另外，可能出现修正的模型中参数无法估计的情况，这时认为行业中不存在盈余管理，则各公司盈余信息中立性的原始得分取为常数 0。

（四）反映真实性评价参数

将各公司净利润现金差异率的数值按其分布特征从大到小分为三个等级 Q_1、Q_2、Q_3，三个等级的原始得分依次为 1、2、3。如实表述的原始得分越高，则盈余的信息的真实性程度越高，盈余信息的可靠性亦越高。

（五）可核性指标参数

由于样本中 35 家上市公司年度报告的审计意见均是无保留意见，因此我们不再将可核性指标列入评价体系之中。

如上所述可得到盈余质量评价的四个维度的原始得分，分别用 a_1、b_1、c_1、d_1 四个变量来表示。由以上分析结果可以计算盈余质量评价的四个维度的盈余质量系数，分别用 a_2、b_2、c_2、d_2 四个变量来表示，计算公式如下

$$a_2 = \frac{a_1}{3}, b_2 = \frac{b_1}{3}, c_2 = \frac{c_1}{3}, d_2 = \frac{d_1}{3}$$

二、盈余质量评价系统的运用

（一）样本选择与数据来源

我们应用评价体系及相关参数对深圳中小企业板上市公司 2005 年度的会计盈余信息质量进行分析。选择的上市公司样本为 35 家，占该板块公司总数的 70%。数据来源于中国证监会、深圳证券交易所、《中国证券报》及相关网站，统计分析工具为 SPSS 软件。

（二）评价指标的初步分析

1. 评价指标描述。对评价指标的描述性统计结果见表 6-1。除行业资本支出变动率-公司资本支出变动率（A_4）和未来期望股价变动率/盈余

变动率（A_8）外，其他变量的均值都近似为零。表中没有中立性评价指标主观应计利润的描述性统计结果，因为模型中参数无法估计，即样本公司中不存在盈余管理，因此中立性评价指标未列入表 6－1。

表 6－1　　评价指标描述

变　量	Mean	Std. Deviation
1. 存货变动率－销售收入变动率（A_1）	0.0097	0.4907
2. 应收账款变动率－销售收入变动率（A_2）	0.0091	0.8132
3. 销售收入变动率－销货毛利变动率（A_3）	－0.5657	8.8661
4. 行业资本支出变动率－公司资本支出变动率（A_4）	－296.64	292.41
5. 销售管理费用变动率－销售收入变动率（A_5）	0.0115	0.9167
6. 实际税率$_{T-1}$－实际税率$_T$（A_6）	0.0527	0.6327
7. 行业平均非经常性盈余比率－公司非经常性盈余比率(A_7）	0.0000	1.3571
8. 未来期望股价变动率/盈余变动率（A_8）	0.3861	5.40131
9. 净利润现金差异率（A_9）	－0.0780	0.0875

2. 评价指标相关性分析。在进行盈余信息质量评价之前，先验证 A_1、A_2、A_3、A_4、A_5、A_6、A_7、A_8 和 A_9 九个变量指标之间的相关性。计算相关系数见表 6－2。由相关性分析可知，除 A_9 与 A_1、A_2 之间弱相关之外，其他指标之间互不相关，整体看变量之间不存在多重共线性问题，因此以这些变量为基础从不同的维度来评价盈余信息质量是合理的。

表 6－2　　指标相关性分析表

	A_1	A_2	A_3	A_4	A_5	A_6	A_7	A_8	A_9
A_1	1	－0.142	－0.153	0.156	－0.074	－0.003	－0.079	－0.022	0.214 ${}^{\times}$
A_2		1	－0.013	0.054	0.041	0.112	－0.020	0.049	0.253 ${}^{\times}$
A_3			1	－0.012	0.008	0.026	－0.021	0.007	－0.042
A_4				1	0.031	0.010	0.050	0.002	0.054
A_5					1	－0.014	0.051	0.051	0.041
A_6						1	－0.180	－0.043	0.033
A_7							1	0.021	－0.123
A_8								1	0.143
A_9									1

3. 样本公司各维度盈余质量的原始得分。

（1）预测价值原始得分 a_1。样本公司综合财务得分的范围是从 1 到 6 的整数，按分布特征从小到大分为 3 个等级 Q_1（综合财务得分为 1 或 2）、Q_2（综合财务得分为 3 或 4）、Q_3（综合财务得分为 5 或 6），3 个等级预测价值原始得分 a_1 依次为 1、2、3。

（2）反馈价值的原始得分 b_1。根据样本公司未来股价期望变动率与盈余变动率比值的分布情况将期望变动率与盈余变动率的比值按其分布特征从小到大分为三个等级 $Q_1(A_8 \leq -0.5)$、$Q_2(-0.5 < A_8 \leq 0.5)$、$Q_3(0.5 < A_8)$，三个等级的反馈价值原始得分 b_1 依次为 1、2、3。

（3）中立性的原始得分 c_1。

用 SPSS 软件对数据进行回归分析的结果是修正的模型参数无法估计，说明样本公司不存在盈余管理（审计报告为“无保留意见”），因此中立性原始得分 c_1 均取为常数 0。

（4）反映真实性的原始得分 d_1。据样本公司净利润现金差异率数值分布情况将各公司净利润现金差异率数值按其分布特征从大到小分为 $Q_1(0.02 < A_9)$、$Q_2(-0.05 < A_9 \leq 0.02)$、$Q_3(A_9 \leq -0.05)$，三个等级反映真实性原始得分 d_1 为 1、2、3。

4. 公司盈余质量评价排序。基于对上述指标的描述和赋值，我们给出样本公司的会计盈余信息质量的评价值见表 6－3。

表 6－3　　　　深圳中小企业板上市公司盈余信息质量表

公司名称	盈余信息质量	公司名称	盈余信息质量	公司名称	盈余信息质量	公司名称	盈余信息质量
1. 苏宁电器	9.235065	11. 伟星股份	1.726970	21. 凯恩股份	0.156549	31. 达安基因	-2.097345
2. 登科种业	8.75768	12. 华帝股份	1.610489	22. 中捷股份	0.082890	32. 久联发展	-2.90864
3. 华兰生物	6.657081	13. 鑫富股份	1.379492	23. 传化股份	-0.037005	33. 大族激光	-3.98084
4. 七喜控股	4.627283	14. 盾安环境	0.99547	24. 永新股份	-0.039687	34. 京新药业	-10.7064
5. 美欣达江	3.012874	15. 华帮制药	0.864123	25. 科华生物	-0.214479	35. 飞亚股份	-26.7437
6. 精工科技	2.74081	16. 德豪润达	0.799846	26. 中航精机	-0.547764		
7. 新和成	2.420678	17. 霞客环保	0.655782	27. 航天电器	-0.584931		
8. 苏琼花	2.325267	18. 丽江旅游	0.517643	28. 海特高新	-0.923487		
9. 双鹭药业	2.172089	19. 巨轮股份	0.493657	29. 七匹狼	-1.387490		
10. 思源电气	1.913652	20. 宜科科技	0.378934	30. 苏泊尔	-1.674196		

表 6－3 表明，从整体情况上看，中小企业板上市企业的盈余信息质量

不尽如人意，有近40%的公司盈余质量系数为负值，同时高于40%的上市公司的盈余信息质量在1与-1之间徘徊。中小企业板上市企业的盈余信息质量呈现出整体水平不高、两极分化的特点。

三、公司盈余信息质量评价结果的检验

从理论上讲，盈余信息质量评价结果应能提高盈余信息的有用性。因此可以假设：进行盈余信息质量评价之后的盈余信息有用性高于进行盈余信息质量评价之前的盈余信息有用性。在得到样本公司盈余信息质量评价结果后，通过引入盈余质量系数的盈余信息有用性检验模型对此假设进行实证检验。

（一）检验模型及方法

这里，我们以Ohlson模型为基础，引入盈余质量系数后建立如下盈余信息评价结果检验模型：

$$MV_{i,t} = \delta_{0,t} + \delta_{1,t}BV_{j,t} + \delta_{2,t\varepsilon_j} \times E_{j,t} + \xi_{j,t}$$

式中：MV 为公司的市场价值；

BV 为公司的账面价值；

ε_j 为公司的盈余质量系数，即前文所述的盈余质量系数 a_2、b_2、c_2、d_2，将其逐个引入上述模型进行检验；

E 为公司的盈余，分别将 t 年度的营业利润 $E_{1j,t}$ 和 t 年度的净利润 $E_{2j,t}$ 引入模型进行检验；

t 为第 t 年；

j 为第 j 家公司；

$\xi_{j,t}$ 为第 t 年第 j 家公司的残差。

上述盈余信息有用性检验模型的拟合度 R^2 可以反映盈余信息的有用性，因此引入盈余质量系数的盈余信息有用性检验模型的拟合优度应大于Ohlson模型的拟合优度。另外，由系数 $\delta_{2,t}$ 也可以判断公司盈余信息的有用性，因此引入盈余质量系数后的盈余信息有用性检验模型中的系数 $\delta_{2,t}$ 应大于Ohlson模型的系数 $\delta_{2,t}$。

（二）检验结果分析

1. Ohlson模型的检验结果。用营业利润 E_1 或净利润 E_2 进行Ohlson Model检验的结果是相同的，检验结果见表6-4。从检验结果可以看到，

如果不考虑盈余信息质量的影响，那么 E_1 或 E_2 不能进入 Ohlson Model，只有账面价值 BV 进入模型。此时模型的 Adjusted R^2 为 0.230，说明资产负债表信息的有用性较高，而且如果不考虑盈余信息质量，那么盈余信息的有用性就体现不出来。

表 6－4　　Ohlson Model 的检验结果

Model	变量	截距及标准化系数	t	Sig.	Adjusted R^2
1	(Constant)	4.606	9.047	0.000	0.230
	BV	0.571	5.271	0.000	

2. 引入盈余质量系数的盈余信息质量评价结果检验。将用盈余质量系数调整后的营业利润 E_1 代入模型进行检验，检验结果见表 6－5。

表 6－5　　盈余信息质量评价检验

Model	变量	截距及标准化系数	t	Sig.	Adjusted R^2
2	(Constant)	4.372	9.083	0.000	0.233
	BV	0.591	5.812	0.000	
	$a_2 \times E_1$	0.199	2.021	0.054	
3	(Constant)	4.761	9.4840	0.000	0.261
	BV	0.378	3.507	0.001	
	$d_2 \times E_2$	0.218	2.394	0.031	
4	(Constant)	4.852	9.830	0.000	0.281
	BV	0.381	3.591	0.001	
	$b_2 \times E_2$	0.279	2.871	0.004	

从表 6－5 的检验结果可以看到，用盈余持续性系数 a_2 调整后的营业利润 $a_2 \times E_1$ 和账面价值 *BV* 可以进入模型，且 Adjusted R^2 为 0.233，高于 Ohlson 模型的 Adjusted R^2 值 0.230，这说明用盈余持续性系数 a_2 来调整营业利润后，可以提高盈余信息的有用性，同时也证明了盈余持续性系数的度量是有效的。

用反映真实性系数 d_2 调整后的净利润 $d_2 \times E_2$ 和账面价值 *BV* 亦可以进入模型，其 Adjusted R^2 值为 0.261，高于 Ohlson 模型的 Adjusted R^2 值 0.230，说明用如实表述系数 d_2 来调整净利润后，可以提高盈余信息的有用性，证明了反映真实性系数的度量是有效的。

用反馈价值系数 b_2 调整后的净利润 $b_2 \times E_2$ 和账面价值 BV 都可以进入模型，此时，Adjusted R^2 为 0.281，高于 Ohlson 模型的 Adjusted R^2 值 0.230，说明用反馈价值系数 b_2 调整净利润后，可以提高盈余信息的有用性，也证明了反馈价值系数的度量是有效的。

四、结论

（一）本章尝试性地建立了上市公司会计盈余信息质量评价系统，并对其应用和评价结果有效性进行了检验。实证的结果证实了盈余信息预测价值、反馈价值、真实性评价结果的有效性，在一定程度上表明了此评价体系在上市公司会计盈余信息质量评价方面的科学性和可行性。

（二）前文提到，研究者对盈余信息质量评价体系的设计思路往往与其信奉的会计理论或理念联系在一起。受托责任观理论框架下的盈余评价体系强调盈余信息质量高低在于能否对代理人的受托责任作出合理评价；决策有用观则重点关注盈余信息质量对投资者决策的影响力。本书对盈余信息质量评价指标的设计与关于盈余信息质量特征的探讨相呼应，力图体现上述两种会计思想的融合，强调盈余信息质量评价指标的科学性与可行性的并重。

（三）会计盈余信息质量评价尽管以一系列的指标为依据，但它总体上是一个主观判断过程，其判断的正确性与评价者的经验、能力等因素密切相关。客观、全面的评价结果来自于对各种因素的了解与把握。

（四）由于会计盈余信息质量评价的用途因人而异，每个投资者风险偏好不同，且会因时而异，因此体系中的指标及权重都不是固定不变的。投资者应该根据自己的用途、偏好、各公司的具体情况、具体经营环境状况以及公司内部结构与经营方向的转变等适时地进行调整和修正各项指标和相应的权重。

（五）在进行会计盈余信息质量评价时，应注意各指标的相关性，将具有相关性的指标结合起来进行综合考察，而不能将它们孤立起来逐个分析。

（六）在进行上述定量评价的基础上，还应从企业的基础管理水平、所处的行业及在行业中的地位、目前的经营环境状况（如经济环境、政治环境）以及未来发展战略等方面对企业进行定性分析，从而对企业的会计盈余信息质量作出全面、综合的评价。

结论与展望

本书从信息经济学的视角研究会计信息质量问题，主要形成以下结论：

1. 关于信息经济学对会计信息质量研究的影响与渗透。

（1）信息经济学不断发展并成为主流经济学的过程，就是它对其他学科不断产生影响和渗透的过程。实证会计研究的兴起并成为主流，与信息经济学的发展是密不可分的，它是对信息经济学理论与方法吸收、借鉴、运用的结果，从时间角度看，甚至可以说是相伴而生的。

（2）盈余信息在会计信息系统中具有重要的地位。正是基于这一点，实证会计研究总体上是围绕会计盈余信息质量问题展开的。

（3）基于信息经济学视角的会计盈余信息质量理论研究，拓宽了会计研究的视野，对建立和完善会计研究的方法论体系将产生长远的影响。

2. 关于盈余管理。

（1）盈余管理的实质是企业管理当局追求利益最大化的一种博弈行为。盈余管理存在于委托—代理关系之中。企业管理者之所以能在盈余管理上拥有较大发挥空间，其重要原因在于信息不对称环境中委托—代理关系的存在。只要存在通过博弈使自身利益最大化的条件，就一定会发生盈余管理。

（2）成本效益原则的约束决定了盈余管理存在的意义。完全消除盈余管理从理论上讲可以做到，但在实务中并不可行，因为它要受到成本效益原则的限制和制约。

（3）公认会计准则（GAAP）的制定与实施，旨在规范会计信息的生成过程及揭示方法，消除或减少信息不对称及其所引起的相关经济问题，提供有助于决策的相关可靠的会计信息。采纳高质量的会计准则是提高会计信息质量的必要手段，但不是唯一的手段。进一步研究发现，恰恰是会计准则的某些规定和惯例，为企业管理当局进行盈余管理提供了机会，创造了条件。

3. 关于会计盈余信息的价值。

（1）区别私人信息与公开信息是认识信息作用问题的起点。由此构建的信息不对称条件下的委托—代理关系模型及理论分析框架，成为信息经济学理论体系的核心内容。

（2）理性的个体根据得到的会计信息内容修正其对未来可能发生状态的判断，并以此为基础完成决策的过程，会计信息的价值借此得以实现；会计信息的价值在于其质量特征对决策风险的影响程度，其数量表现就是基于会计信息进行决策带来的超额收益或异常收益（abnormal return）。

（3）会计信息除具有决策价值外，还具有控制价值。委托—代理模型是分析会计信息控制价值的基本框架。

（4）虽然投资者获得的会计信息是一致的，但是由于不同理性程度的投资者对信息解读和认知的差异，投资者利用信息的方式和效率也会不同，而这种信息解读差异同样会在资产定价过程中得到反映。

4. 关于会计盈余信息质量的内涵。

通过对信息观、计量观、契约观等信息不对称条件下盈余质量研究范式的比较分析，提出了会计盈余信息质量的内涵：会计属性是会计盈余信息质量概念的本质特征，是其区别于其他市场信息的根本所在；盈余属性强化了会计盈余信息质量对于会计要素的综合性和代表性的特点；信息属性突出了会计盈余信息质量与所有市场信息质量的共性，是以信息经济学理论和方法分析会计盈余信息质量问题的媒介；质量属性体现了人们对会计盈余信息质量概念所能达到目标的预期和憧憬。由此，将会计盈余信息质量的内涵描述为：经济组织基于会计理论、方法计量和提供的盈余信息对于市场信息不对称状况的缓解程度。

5. 关于会计盈余信息质量的影响因素。

会计盈余质量受人文因素、制度因素等多方面的影响，但本质上是由盈余信息供求各方的博弈关系决定的。信息的需求者（使用者）是一个十分复杂而广泛的群体，逐一与企业管理当局（即信息供应主体）缔结私人契约要求，将造成会计信息的交易成本十分高昂，而且不同企业间会计信息也具有各自的特点，这决定了需要以标准契约（standard contract）约束会计信息提供的迫切性，从而使公认会计准则（GAAP）的研究和讨论成为会计界的重要课题。在博弈各方中，经营者作为会计盈余信息的披露者，与政府、债权人、审计师、证券市场上的投资者以及所有者之间展开的博弈的激烈程度和过程是不同的，其博弈尚缺乏一个充分均衡的过程。

6. 关于会计盈余信息质量评价体系。

（1）尽管学术界关于会计信息质量评价体系的描述还未形成共识，但基本上都将企业盈余质量的评价作为研究重点。其原因是盈余及盈余质量对于信息使用者的重要性。关于盈余信息的质量特征及其评价的研究一度成为重点和主流。

（2）会计信息质量特征既是会计信息质量评价的目标，又是会计盈余信息质量评价的基础。据此，会计盈余信息质量评价体系至少应包括以下内容：关于盈余信息合规性的评价，预测价值指标的评价，反馈价值指标的评价，及时性指标的评价，中立性指标评价，反映真实性指标的评价，可核性指标的评价。

（3）研究者对盈余信息质量评价体系的设计思路，往往与其信奉的会计理论或理念联系在一起。受托责任观理论框架下的盈余评价体系强调盈余信息质量高低在于能否对代理人的受托责任作出合理评价；决策有用观则重点关注盈余信息质量对投资者决策的影响力。本书对盈余信息质量评价指标的设计与关于盈余信息质量特征的探讨相呼应，力图体现上述两种会计思想的融合，强调盈余信息质量评价指标的科学性与可行性的并重。

以信息经济学的理论与方法研究和探讨会计信息质量问题，构成了本书的重要内容。笔者注意到，信息经济学所涉及的理论和思想堪称博大精深，它与会计学的交叉与融合是多方面、多层次的。本书能够涉及的内容，如会计盈余信息价值的测度、会计盈余信息质量的内涵、会计盈余信息供求的博弈、会计盈余信息质量特征及评价等，只是这一领域的最基础的部分，远未达到应有的广度和深度。我们相信，此领域中的若干重大课题，如会计盈余信息含量的计量、盈余信息的解读差异等问题将会引起更多学者的关注，共同推动会计信息质量理论研究的逐步深入。

参考文献

英文文献：

[1] Abraham, 1964, "Needed: A Revolution in the Determination and Application of Accounting Principles", *The Accounting Review* 39, pp. 12 – 15.

[2] Alchian, Armen A. and Harold Demsetz, 1972, "Production, Information Costs, and Economic Organization", *The American Economic Review* 62, December, pp. 777 – 795.

[3] American Institute of Certified Public Accountants, Special Committee on Financial Reporting, 1994, *Improving Business Reporting—A Customer Focus, Meeting the Information Needs of Investors and Creditors* (New York: AICPA).

[4] Arya, Glover, Sunder, 1998, "Earnings Management and Revelation Principle", *Review of Accounting Studies* 5.

[5] Ball and Brown, 1968, "An Empirical Evaluation of Accounting Income Numbers", *Journal of Accounting Research* 6, pp. 159 – 178.

[6] Ball and Watts, 1972, "Some Time Series Properties of Accounting Income", *Journal of Finance* 27, pp. 663 – 681.

[7] Ball, Kothari and Robin, 2000, "The Effect of International Institutional Factors on the Properties of Earnings", JAE 29 (1).

[8] Ball, Robin and Wu, 2000, "Incentives versus Standards: Properties of Accounting Income in Four East Asian Countries and Implications for Acceptance of IAS", downloaded from *http: // papers. Ssrn. Com/paper. Taf ? Abstract – id* = 216429.

[9] Barth and Nelson, 2001, "Accruals and the Prediction of Future Cash Flows", *The Accounting Review* 76, pp. 27 – 58.

[10] Baruch Lev, 1979, "The Impact of Accounting Regulation on the Stock Market: the Cost of Oil and Gas Companies", *The Accounting Review* 54,

pp. 485 – 503.

[11] Beasley, Mark S. , 1996, "An Empirical Analysis of the Relation between Board of Director Composition and Financial Statement Fraud", *The Accouting Review* 71 (4), pp. 443 – 465.

[12] Beaver, 1968, "The Information Content of Annual Earnings Announcements", *Journal of Accounting Research* 6 (supplement), pp. 67 – 72.

[13] Beaver, 1970, "The Time Series Behavior of Earnings", *Journal of Accounting Research* 8 (supplement), pp. 62 – 99.

[14] Bedford, 1968, "The Foundations of Accounting Measurement", *Journal of Accounting Research* 6, pp. 270 – 282.

[15] Bernard, 1989, "The Nature and Amount of Information in Cash Flows and Accruals", *The Accounting Review* 64, pp. 624 – 652.

[16] Chatfield, Vangermerch, 1996, "The History of Accounting: An International Encyclopedia", *Journal of Financial Economics* 3, pp. 305 – 360.

[17] Chambers and Penman, 1984, "Timeless of Reporting and the Stock Price Reaction to Earnings Announcements", *Journal of Accounting Research* 22, pp. 21 – 46.

[18] DeAngelo, 1986, "Accounting Numbers as Market Valuation Substitutes: A Study of Management Buyouts of Public Shareholder", *The Accounting Review* 7.

[19] Dechow and Skinner, 2000, "Earnings Management: Reconciling the Views of Accounting Academics, Practitioners, and Regulators", *Accounting Horizons* 14, pp. 235 – 250.

[20] Dechow P. , 1995, "Detecting Earnings Management", *The Accounting Review* 70.

[21] Denis D. J. , Denis D. K. , Sarin A. , 1997, "Agency Problems, Equity Ownership and Corporate Diversification", *Journal of Finance* 52, pp. 135 – 160.

[22] Elliott and Shaw W. H. , 1988, "Write – offs as Accounting Procedures to Many Perceptions", *Journal of Accounting Research* 26 (supplement), pp. 91 – 114.

[23] Fama, Eugene F. , and Arthur B. Laffer, 1971, "Information and Capital Markets", *Journal of Business* 44, pp. 289 - 298.

[24] FASB Steering Committee, 2001, "Improving Business Report: Insight into Enhancing Voluntarily Disclosure", *Business Report Research Project*, downloaded from *www. Fasb. Org*, 2001/10/9.

[25] Heilman, Collins, 1935, "Accounting and Economics", *The Accounting Review* 10, pp. 149 - 155.

[26] Horngren, 1965, "How Should We Interpret the Realization Concept?", *The Accounting Review* 40, pp. 323 - 333.

[27] Ijiri, 1980, "An Introduction to Corporation Accounting Standards: A Review", *The Accounting Review* 55, pp. 620 - 628.

[28] Intner J. , 1956, "Distribution of Incomes of Corporations among Dividends, Retained Earnings and Taxes", *American Economic Review* 46, pp. 92 - 113.

[29] Ittner, Christopher. D. , David F. Larcker and Madhav V. Rajan, 1997, "The Choice of Performance Measures in Annual Bonus Contracts", *The Accounting Review* 72, pp. 231 - 225.

[30] Jensen M. C. , 1986, "Agency Costs of Free Cash Flow, Corporate Finance and Takeovers", *American Economic Review* 76, 323 - 329.

[31] Jensen M. C. , and R. S. Ruback, 1983, "The Market for Corporate Control: The Scientific Evidence", *Journal of Financial Economics* 11.

[32] Jensen M. C. , Murphy K. J. , 1990, "Performance Pay and Top Management Incentives", *Journal of Political Economy* 98, 225 - 264.

[33] Jensen M. C. and W. H. Meckling, 1976, "Theory of the Firm: Managerial Behavior, Agency Costs and Ownership Structure", *Journal of Financial Economics* 3 (4), pp. 305 - 360.

[34] John E. , Core, 2001, "A Review of the Empirical Disclosure Literature", *Journal of Accounting and Economics* 231, pp. 441 - 456.

[35] Jones J. , 1991, "Earnings Management during Important Relief Investigation", *Journal of Accounting Research* 29.

[36] Klein A. , 2002, "Audit Committee, Board of Director Characteris-

tics and Earnings Management", *Journal of Accounting and Economics* 330, pp. 375 - 400.

[37] Lipe, 1990, "The Relation between Stock Returns and Accounting Earnings Given Alternative Information", *The Accounting Review* 65, pp. 49 - 71.

[38] Maureen, McNichols and Wilson, 1988, "Evidence of Earnings Management from the Provision for Bad Debts", *Journal of Accounting Research* 26 (supplement), pp. 1 - 31.

[39] Mckean, John R., and John J. Kania, 1978, "An Industry Approach to Owner - manager Control and Profit Performance", *Journal of Business* 51, pp. 327 - 342.

[40] Mobley, 1968, "Measures of Income", *The Accounting Review* 45, pp. 333 - 341.

[41] Ohlson, Xiaojun Zhang, 1998, "Accrual Accounting and Equity Valuation", *Journal of Accounting Research* 36, pp. 85 - 111.

[42] Palmet, John, 1973, "The Profit - performance Effects of the Separation of Ownership from Control in Large U. S. Industrial Corporations", *The Bell Journal of Economics and Management Science* 4, pp. 293 - 303.

[43] Paul M. Healy, James M. Wahlen, 1999, "A Review of the Earnings Management Literature and Its Implications for Standard Setting", *Accounting Horizons*, December.

[44] Penman, 2002, "The Accounting Conservatism, the Quality of Earnings and Stock Returns", *The Accounting Review* 77, pp. 237 - 264.

[45] Penman, 2003, "The Quality of Financial Statements: Perspectives from the Recent Stock Market Bubble", *Accounting Horizons* (supplement), pp. 46 - 77.

[46] Pope and M. Walker, 1999, "International Differences in the Timeliness, Conservatism, and Classification of Earnings", *Journal of Accounting Research* 37, pp. 53 - 87.

[47] Rajgopal S., Venkatachalam and Jiambalvo J., 1999, "Is Institutional Ownership Associated with Earnings Management and the Extent to Which

Prices Reflect Future Earnings?", Working Paper, University of Washington and Stanford University.

[48] Schipper, 2003, "Earnings Quality and the Pricing Effect of Earning Patterns", Working Paper, Duke University, Financial Accounting Standards Boards, pp. 3 –56.

[49] Schipper and Vincent, 2003, "Earnings Quality", *Accounting Horizons* (supplement), pp. 97 –110.

[50] Scott, 1941, "The Basis for Accounting Principles", *The Accounting Review* 16, pp. 341 –349.

[51] SFAC No. 2: Qualitative Characteristics of Accounting Information, May, 1980.

[52] SFAC No. 1: Objectives of Financial Reporting by Business Enterprises, November, 1978.

[53] Siew Hong Teoh, Ivo Welch, T. J. Wong, 1998, "Earnings Management and Long –run Performance of Initial Public Offerings", *The Journal of Finance*, December.

[54] Strongh J. and Meyer J., 1987, "Asset Write –downs: Managerial Incentives and Security Returns", *Journal of France*, July, pp. 661 –663.

[55] Sudipta Basu, 1997, "The Conservatism Principle and the Asymmetric Timeliness of Earnings", *Journal of Accounting and Economics* 24, 1997.

[56] Sunder, 1997, *Theory of Accounting and Control* (Cincinnati OH: South –Western Publishing).

[57] Susan Woodward, 1988, "The Firm is Dead: Long Live the Firm: A Review of Oliver E. Williamson's The Economic Institutions of Capitalism", *Journal of Economic Literature* 26, pp. 65 –79.

[58] Sweeney, 1933, "Income", *The Accounting Review* 8, pp. 323 –335.

[59] Teoh S. H., T. J. Wong, and G. Row, 1998, "Incentives and Opportunities for Earnings Management in Initial Public Offerings", *Review of Accounting Studies*, *Forthcoming*.

[60] Verrecchia, 1998, "Discussion of Accrual Accounting and Equity

Valuation", *Journal of Accounting Research* 36, pp. 113 - 115.

[61] Warfield J. and K. Wild, 1995, "Managerial Ownership, Accounting Choices, and in Formativeness of Earnings", *Journal of Accounting and Economics* 20, pp. 61 - 91.

[62] Watts and Zimmerman, 1978, "Toward a Positive Theory of the Determination of Accounting Standards", *The Accounting Review* 53, pp. 112 - 134.

[63] Wells, 1976, "A Revolution in Accounting Thought?", *The Accounting Review* 51, pp. 471 - 482.

[64] William R. Scott, 1990, Financial Accounting Theory (New Jersey: Prentice Hall International, Inc.).

[65] Williamson, Oliver E., 1981, "The Modern Corporation: Origins, Evolution, Attributes", *Journal of Economic Literature* 19, pp. 1537 - 1568.

中文文献：

[1] FASB：《论改进企业报告》，陈毓圭译，北京，中国财政经济出版社，1997。

[2] 贝洪俊：《会计制度变迁的利益冲突与协调》，载《财会月刊》，2004（1）。

[3] 卜华：《上市公司盈余质量评价指标设计》，载《市场周刊》，2005（7）。

[4] 财政部会计司准则二处：《会计国际协调及有关监管机构近期动态》，载《会计研究》，2005（5）。

[5] 罕尼·凡·格鲁宁、马休·科恩：《国际会计准则实用指南》，财政部译，北京，中国财政经济出版社，2001。

[6] 曹强：《上市公司盈利质量评价体系的重新构建》，载《上海立信会计学院学报》，2005（5）。

[7] 常勋：《国际会计》，大连，东北财经大学出版社，2003。

[8] 陈国辉：《会计理论研究》，大连，东北财经大学出版社，2001。

[9] 陈汉文、韩洪灵：《注册会计师职业道德准则之变迁》，载《审计研究》，2005（3）。

[10] 陈汉文、邓顺永：《盈余报告及时性：来自中国股票市场的经验证据》，载《当代财经》，2004（4）。

[11] 陈建岐：《刍谈盈余管理》，载《财会月刊》，2001（18）。

[12] 陈建文：《当前国内会计体系的“中国特色”何在?》，载《会计研究》，2000（2）。

[13] 陈珩：《上市公司资产减值会计研究》，天津财经学院硕士学位论文，2003。

[14] 陈宏辉、贾生华：《企业利益相关者三维分类的实证分析》，载《经济研究》，2004（4）。

[15] 陈淑芳：《会计信息失真治理研究》，北京，中国金融出版社，2006。

[16] 陈天睿：《会计盈余的实证研究》，载《哈尔滨理工大学学报》，2002（5）。

[17] 陈小悦、肖星、过晓艳：《配股权与上市公司利润操纵》，载《经济研究》，2000（1）。

[18] 陈晓、陈淑燕：《股票交易量对年报信息的反应研究——来自上海、深圳股市的经验证据》，载《金融研究》，2001（7）。

[19] 陈晓、陈小悦、刘钊：《A股盈余报告的有用性研究——来自上海、深圳股市的实证证据》，载《经济研究》，1999（6）。

[20] 陈晓、唐安平：《盈余质量对股票收益的影响研究》，载《湖南大学学报》（社会科学版），2005（2）。

[21] 陈信元：《我国会计信息环境的初步分析》，载《会计研究》，2000（8）。

[22] 陈燕：《基于会计职业判断的会计准则制定模式》，载《南华大学学报》，2004（3）。

[23] 陈宇学：《试论盈余管理》，载《财会月刊》，2001（14）。

[24] 程小可、王化成、刘雪辉：《年度盈余披露的及时性与市场反应——来自沪市的证据》，载《审计研究》，2004（2）。

[25] 仇俊林、范晓阳：《企业会计信息失真问题研究》，北京，人民出版社，2006。

[26] 储一昀、王安武：《上市公司盈利质量分析》，载《会计研究》，

2000（6）。

[27] 储一昀等：《上市公司盈利质量分析》，载《会计研究》，2000（9）。

[28] 戴德明、毛新述、邓璠：《上市公司亏损、减值准备的计提与盈余管理行为研究》，中国人民大学工作论文，2004 年 11 月。

[29] 邓春华：《基于博弈分析的盈余管理问题研究》，载《会计研究》，2003（5）。

[30] 邓小洋：《衍生金融工具会计：问题与思考》，载《黑龙江财专学报》，1999（1）。

[31] 丁远：《法国会计体制的新发展及其对中国会计改革的启示》，载《会计研究》，1998（10）。

[32] 杜兴强、章永奎：《财务会计理论》，厦门，厦门大学出版社，2005。

[33] 杜兴强：《制定我国财务会计概念框架若干问题的思考》，载《四川会计》，2003（6）。

[34] 范宏浩：《美国会计监管概况及评价》，载《中国工会财会》，2004（2）。

[35] 冯淑萍：《中国对于国际会计协调的基本态度与所面临的问题》，载《会计研究》，2004（1）。

[36] 葛家澍、刘峰：《会计理论》，北京，中国财政经济出版社，2003。

[37] 葛家澍：《财务会计理论方法准则探讨》，北京，中国财政经济出版社，2002。

[38] 葛家澍：《财务会计概念框架与会计准则问题研究》，北京，中国财政经济出版社，2003。

[39] 葛家澍：《关于高质量会计准则的几个问题》，载《会计研究》，2002（10）。

[40] 葛家澍：《关于高质量会计准则和企业财务业绩报告改进的新动向》，载《会计研究》，2000（12）。

[41] 葛家澍：《回顾与评介——AICPA 关于财务会计概念的研究》，载《会计研究》，2001（1）。

[42] 葛家澍：《会计基本理论与会计准则问题研究》，北京，中国财政经济出版社，2000。

[43] 葛家澍：《会计理论》，北京，中国财政经济出版社，1998。

[44] 葛家澍：《美国关于高质量会计准则的讨论及其对我们的启示》，载《会计研究》，1999（5）。

[45] 耿建新等：《对2004年台湾会计舞弊案的思考》，载《审计研究》，2005（4）。

[46] 耿建新：《我国上市公司会计信息质量特征问题探讨》，载《财会通讯》，2000（4）。

[47] 龚光明、李晚金：《会计政策选择：理论逻辑与经济后果》，载《会计研究》，2004（7）。

[48] 苟开红：《上市公司收益质量综合评估模型及实证研究》，载《当代财经》，2005（4）。

[49] 顾兆锋：《论盈余管理》，载《财经研究》，2000（3）。

[50] 关涛：《跨国公司国际市场跟进博弈与信息欺诈》，载《南开经济研究》，2005（1）。

[51] 郭道扬：《论会计史专题》，北京，中国财政经济出版社，2005。

[52] 郭道扬：《会计发展史纲》，北京，中央广播电视大学出版社，1984。

[53] 郭菁：《现金流量与盈利信息孰更重要》，载《财会月刊》，2001（11）。

[54] 何顺文：《会计学新论》，北京，商务印书馆，1996。

[55] 洪剑峭、李志文：《会计学理论——信息经济学的革命性突破》，北京，清华大学出版社，2004。

[56] 洪剑峭：《上市公司资产减值的信息含量》，载《中国会计学会第六届理事会第二次会议暨2004年学术会议论文集》。

[57] 洪银兴：《合作博弈和治理结构的完善》，载《南京大学学报》，2003（3）。

[58] 胡汝银：《资本市场对国有企业改革的作用》，载《皖西学院学报》，2003（6）。

[59] 黄世忠、陈建明：《美国财务舞弊症结探讨》，载《会计研究》，

2002（10）。

［60］黄中生：《会计收益质量的分析与评价》，载《东北财经大学学报》，2005（3）。

［61］冀文海：《上市公司存在六大问题》，载《中国经济时报》，2002－09－09。

［62］蒋尧明：《会计信息质量保证体系研究》，南昌，江西人民出版社，2004。

［63］蒋义宏：《会计信息失真的现状成因与对策研究》，北京，中国财政经济出版社，2002。

［64］克里斯托弗·诺比斯、罗伯特·帕克：《比较国际会计》，潘琰主译，大连，东北财经大学出版社，2002。

［65］李昉：《中外会计信息质量要求的比照》，载《湖北财税》，2003（4）。

［66］李华英：《中国上市公司盈余管理的制度背景与现状研究》，天津大学学位论文，2004。

［67］李敬、廖洪：《盈余质量研究：综述与建议》，载《生产力研究》，2006（7）。

［68］李玲、陈任武：《上市公司盈利预测信息披露：动因、质量与监管》，载《山西财经大学学报》，2004（1）。

［69］李明辉：《试论衍生金融工具的会计确认》，载《云南财贸学院学报》，2000（2）。

［70］李荣锦：《资产减值准备与利润操纵》，载《财会研究》，2005（4）。

［71］李若山：《我国会计问题的若干法律思考》，载《会计研究》，1999（6）。

［72］李树华等：《论中国注册会计师职业发展战略》，载《审计研究》，1998（1）。

［73］李爽、吴溪：《审计失败与证券审计市场监管》，载《会计研究》，2002（2）。

［74］李心合：《会计制度的信誉基础》，载《会计研究》，2002（4）。

［75］李增泉：《我国上市公司资产减值政策的实证研究》，载《中国

会计与财务研究》，2001（3）。

［76］李兆华：《我国会计师事务所实行定期轮换制的博弈分析》，载《会计研究》，2005（3）。

［77］林斌、黄婷晖、杨德明：《会计准则的定位：一项调查的分析性研究》，载《 会计研究》，2004（3）。

［78］林钟高、徐正刚：《公司治理结构下的盈余管理》，载《财经科学》，2002（4）。

［79］刘春：《上市公司会计信息质量博弈分析》，沈阳，东北大学出版社，2003。

［80］刘端：《会计政策的博弈论研究》，成都，西南财经大学出版社，2005。

［81］刘峰：《从经济环境看财务会计的目标》，载《当代财经》，1995（11）。

［82］刘峰：《会计准则变迁》，北京，中国财政经济出版社，2000。

［83］刘慧凤、陈宏伟：《对高质量会计准则研究进展的追踪与思考》，载《山东大学学报》，2005（9）。

［84］刘立国、杜莹：《公司治理与会计信息质量关系的实证研究》，载《会计研究》，2003（12）。

［85］刘丽华：《如何判断与规范盈余管理》，载《财会通讯》，2002（7）。

［86］刘尚华：《浅谈资产减值准备与会计信息质量》，载《商业会计》，2005（6）。

［87］刘新仕：《上市公司会计信息成本效益的对策研究》，载《财会通讯》（学术版），2006（6）。

［88］刘星、张国林、王晓龙：《我国上市公司盈利信息的因子分析》，载《财经理论与实践》，2001（6）。

［89］刘仲文：《会计理论与会计准则问题研究》，北京，首都经济贸易大学出版社，2000。

［90］柳木华：《盈余质量的市场反应》，载《中国会计评论》，2003（1）。

［91］柳木华：《盈余质量的信息经济学分析》，载《贵州财经学院学

报》，2004（1）。

［92］娄权、刘朝晖：《日本会计的新发展及其启示》，载《上海会计》，2003（6）。

［93］娄权：《财务报告质量的决定：理论与实证》，载《企业经济》，2006（2）。

［94］卢永华：《会计科研方法论》，北京，中国金融出版社，2004。

［95］卢宇林、万绍平：《企业盈余管理行为的动机分析》，载《上海会计》，2001（2）。

［96］鲁桂华：《现金流量综合分析模型：原理与应用》，载《财经理论与实践》，2001（6）。

［97］陆建桥：《中国亏损上市公司盈余管理实证研究》，载《会计研究》，1999（9）。

［98］陆静、孟卫东、廖刚：《上市公司会计盈利、现金流量与股票价格的实证研究》，载《经济科学》，2002（5）。

［99］陆正飞、刘桂进：《中国公众投资者信息需求之探索性研究》，载《经济研究》，2002（4）。

［100］马费城：《信息经济学》，武汉，武汉大学出版社，1997。

［101］毛洪安：《盈余信息质量评价体系研究》，武汉大学学位论文，2006。

［102］孟卫东、陆静：《上市公司盈余报告披露的特征及信息含量》，载《经济科学》，2000（5）。

［103］孟焰：《英国会计准则发展概况》，载《中国农业会计》，1994（11）。

［104］孟焰、袁淳：《亏损上市公司盈余价值相关性实证研究》，载《会计研究》，2005（5）。

［105］孟焰、张秀梅：《上市公司关联方交易盈余管理与利益转移关系研究》，载《会计研究》，2006（4）。

［106］明海涛：《对会计职业判断的理性思考》，载《商业研究》，2004（298）。

［107］潘琰：《因特网上的公司财务报告——中国上市公司财务信息网上披露情况调查》，载《会计研究》，2000（9）。

[108] 裴素平：《上市公司资产减值与盈余管理问题研究》，福州大学硕士学位论文，2005。

[109] 彭玉书译：《日本企业会计原则》，载《交通财会》，1994（10）。

[110] 平来禄、刘峰、雷科罗：《后安然时代的会计准则：原则导向还是规则导向》，载《会计研究》，2003（5）。

[111] 蒲学刚：《公司治理要素对财务报告质量影响的分析》，载《科技情报开发与经济》，2005（16）。

[112] 秦江萍：《会计舞弊的市场反应与识别：理论分析与经验证据》，北京，经济科学出版社，2006。

[113] 秦永和：《企业会计学》，武汉，湖北人民出版社，1998。

[114] 裘宗舜、韩洪灵：《论高质量会计准则》，载《上海会计》，2003（11）。

[115] 裘宗舜：《财务会计概念研究》，上海，立信会计出版社，2001。

[116] 任永平：《德国会计信息披露规范及其对我国的启示》，载《会计研究》，2003（10）。

[117] 任永平：《中德财务会计比较研究》，大连，东北财经大学出版社，2001。

[118] 任永平：《中德财务会计若干理论与实务问题比较研究》，载《会计研究》，2001（7）。

[119] 单晓芳：《会计市场的博弈论分析》，载《同济大学学报》（社会科学版），2003（2）。

[120] 沈艺峰、沈洪涛：《公司财务理论主流》，大连，东北财经大学出版社，2004。

[121] 沈振宇、王金圣、薛爽：《坏账准备与上市公司利润操纵——来自中国上市公司的证据》，载《中国会计与财务研究》，2004（2）。

[122] 施锡铨：《博弈论》，上海，上海财经大学出版社，2000。

[123] 石本仁：《会计准则（制度）的国际比较与借鉴》，载《内蒙古财经学院学报》，1994（3）。

[124] 宋彩霞、王娜娜、刘艳丽：《资产减值给上市公司带来了什

么?》，载《计划与市场探索》，2003（11）。

［125］孙爱军、陈小悦：《关于会计盈余的信息含量的研究——兼论中国股市的利润驱动特性》，载《北京大学学报》（哲学社会科学版），2002（1）。

［126］孙晖、李峰：《上市公司盈余质量评价系统的建立与应用研究》，载《辽宁工学院学报》，2006（6）。

［127］孙立武、杨荣刚：《我国信息经济学研究的反思》，载《情报科学》，2004（9）。

［128］孙淑华、何秀英：《计提资产减值准备对会计信息失真的影响》，载《武汉科技大学学报》（社会科学版），2005（1）。

［129］孙永祥：《所有权、融资结构与公司治理机制》，载《经济研究》，2001（1）。

［130］孙铮、王跃堂：《资源配置与盈余操作实证研究》，载《财经研究》，1999（4）。

［131］唐建荣：《上市公司财务状况的多元统计分析》，载《当代经济科学》，2001（11）。

［132］田翠香：《会计环境、会计目标与会计信息质量特征》，载《广西会计》，2001（5）。

［133］田昆儒：《企业产权会计论》，北京，经济科学出版社，2000。

［134］瓦茨、齐默尔曼著：《实证会计理论》，陈少华等译，大连，东北财经大学出版社，1999。

［135］万艳琴：《浅论会计准则的质量标准》，载《财会月刊》，1998（6）。

［136］汪炜：《公司信息披露——理论与实证研究》，杭州，浙江大学出版社，2005。

［137］汪祥耀：《全球会计准则：离我们有多远》，载《会计研究》，2001（3）。

［138］王化成：《财务管理研究》，北京，中国金融出版社，2006。

［139］王会林：《试论企业会计行为及其影响因素》，载《经济师》，2002（8）。

［140］王建新：《评〈萨宾纳斯—奥克斯莱法案〉及其对会计的影

响》，载《四川会计》，2003（1）。

［141］王开田：《会计行为论》，上海，上海财经大学出版社，1999。

［142］王松年：《国际会计前沿》，上海，上海财经大学出版社，2001。

［143］王铁林、马向晖：《对比较会计学研究中几个问题的思考》，载《财务与会计》，1992（1）。

［144］王铁林、张智军：《对会计监督问题的再认识》，载《财会研究》，1996（9）。

［145］王耀祥、刘宁军：《当前美国会计准则的发展趋势及若干思考》，载《会计研究》，2003（5）。

［146］王永海：《财务会计信息的基本内涵》，载《武汉大学学报》（社会科学版），2000（3）。

［147］王永海：《财务会计信息质量评价若干问题的探讨》，载《会计师》，2006（4）。

［148］王永海：《对财务会计本质的博弈说明》，载《经济评论》，1999（6）。

［149］王跃堂：《会计政策选择的经济动机——基于沪深股市的实证分析》，载《会计研究》，2000（12）。

［150］王志台：《上海股市盈余持久性的实证研究》，载《财经研究》，2000（5）。

［151］文怀远、袁淳：《国外会计盈余价值相关性研究》，载《经济研究丛刊》，2006（91）。

［152］谢德仁：《会计信息的真实性与会计规则制定权合约安排》，载《经济研究》，2000（5）。

［153］薛云奎：《会计大趋势》，北京，中国财政经济出版社，1999。

［154］薛祖云：《会计信息市场与市场管制》，广州，暨南大学出版社，2002。

［155］魏刚：《我国上市公司股利分配的实证研究》，载《经济研究》，1998（6）。

［156］魏凌君：《博弈论在会计中的应用初探》，载《会计理论与实务探索》，2002（2）。

[157] 魏明海：《盈余管理基本理论及其研究述评》，载《会计研究》，2000（2）。

[158] 魏明海：《高质量会计准则的标准》，载《当代财经》，1999（5）。

[159] 魏明海：《论会计透明度》，载《会计研究》，2001（9）。

[160] 魏明海：《盈余管理研究》，北京，中国财政经济出版社，2000。

[161] 文建东：《经济学研究的复杂性科学思路》，载《理论经济学》，2005（10）。

[162] 巫升柱、王建玲、乔旭东：《中国上市公司年度报告披露及时性实证研究》，载《会计研究》，2006（2）。

[163] 吴岱明：《科学研究方法学》，长沙，湖南人民出版社，1987。

[164] 吴霁：《我国会计准则制定之博弈分析》，载《市场周刊》，2005（8）。

[165] 吴联生、王亚平：《有效会计监管的均衡模型》，载《经济研究》，2003（6）。

[166] 吴联生：《审计意见：行为特征与监管策略》，载《经济研究》，2005（7）。

[167] 吴联生：《利益相关者对会计规则制定的参与特征》，载《经济研究》，2004（3）。

[168] 吴联生：《投资者对上市公司会计信息需求的调查分析》，载《经济研究》，2000（4）。

[169] 伍中信：《产权理论与中国会计学——问题与争论》，北京，中国人民大学出版社，2003。

[170] 夏冬林：《法国会计简介》，载《会计研究》，1995（9）。

[171] 夏冬林：《现代财务会计理论》，北京，经济科学出版社，2000。

[172] 晓远：《试论会计信息披露的供给理论》，载《会计研究》，1998（6）。

[173] 谢康：《信息经济学及其应用》，载《改革》，1998（2）。

[174] 谢识予：《经济博弈论》，上海，复旦大学出版社，2006。

[175] 谢识予:《纳什均衡论》，上海，上海财经大学出版社，1999。

[176] 晏静:《两种财务分析体系的对比——从银广夏时间谈起》，载《财会通讯》，2001（10）。

[177] 杨金观:《论我国会计信息质量特征体系的构建》，载《中央财经大学学报》，2004（5）。

[178] 杨时展:《会计系统说三评》，载《财会通讯》，1992（6）。

[179] 杨顺华、沃夫冈·米勒:《中、美、德会计目标定位的比较研究》，载《财经理论与实践》，2003（9）。

[180] 杨顺利:《试论会计信息的质量特征及其层次关系》，载《事业财会》，2003（4）。

[181] 杨雄胜:《会计诚信问题的理性思考》，载《会计研究》，2002（3）。

[182] 杨阳:《经济学对管理会计的借鉴与启示》，载《山西财经大学学报》，2006（10）。

[183] 姚婕:《论企业盈余管理》，载《商业经济与管理》，2001（6）。

[184] 姚立杰:《会计盈余有用性研究：回顾与展望》，载《北京工商大学学报》（社会科学版），2005（7）。

[185] 于玉林:《会计基础理论研究》，北京，经济科学出版社，2001。

[186] 俞杰:《构建我国财务会计概念框架中会计目标定位的初探》，载《中国会计电算化》，2004（6）。

[187] 袁琳、赵建军:《中国上市公司会计估计应用研究——来自沪市2002年的证据》，载《北京工商大学学报》（社会科学版），2004（3）。

[188] 张白玲:《日本会计模式的经济背景研究及其启示》，载《集美大学学报》（哲学社会科学版），2000（12）。

[189] 张翠波:《盈余管理低估市场价值》，载《经济管理》，2001（8）。

[190] 张翠波:《盈余管理行为导致企业价值被低估的原因及对策研究》，载《当代财经》，2001（10）。

[191] 张嘉兴:《会计准则制定权制度的变迁及其博弈均衡状态研

究》，上海，上海人民出版社，1996。

[192] 张菊香：《基于动机视角的我国上市公司盈余管理研究》，湖南大学学位论文，2004。

[193] 张俊瑞、金帆、丁启叶：《中国证券市场会计收益与现金流量信息含量实证研究》，中国首届实证会计理论研讨会论文，2002。

[194] 张士强：《对公司盈余管理的透视》，载《财会研究》，2001（4）。

[195] 张双才：《企业财务代理冲突及协调机制研究》，石家庄，河北大学出版社，2004。

[196] 张双才：《证券市场信息不对称与信息显示》，载《河北师范大学学报》，2002（1）。

[197] 张为国、李东平：《围绕国际会计准则前景的较量与对策》，载《会计研究》，1999（8）。

[198] 张维迎：《博弈论与信息经济学》，上海，上海人民出版社，1996。

[199] 张维迎：《产权、政府与信誉》，生活·读书·新知三联书店，2001。

[200] 张炎兴：《论不同财务报告目标下会计信息的相关性和可靠性》，载《企业经济》，2000（1）。

[201] 张禹林：《"四项计提"对亏损上市公司影响的实证研究》，大连理工大学学位论文，2001。

[202] 张中波：《会计信息质量特征的国际比较与借鉴》，首都经济贸易大学学位论文，2005。

[203] 赵西卜：《中国会计准则研究》，北京，中国人民大学出版社，1999。

[204] 赵宇龙：《会计盈余披露的信息含量——来自上海股市的经验证据》，载《经济研究》，1998（7）。

[205] 赵宇龙、王志台：《我国证券市场"功能锁定"现象的实证研究》，载《经济研究》，1999（9）。

[206] 中国会计学会：《会计准则专题》，北京，中国财政经济出版社，1999。

［207］周娟：《美国的会计环境裂变与会计报告风险》，载《中国审计信息与方法》，2002（11）。

［208］周浪波、杨琼：《会计盈余质量内涵的功用理论解析》，载《长沙理工大学学报》（社会科学版），2005（12）。

［209］周其仁：《公有制企业的性质》，载《经济研究》，2000（11）。

［210］周勤业：《上市公司信息披露与投资者信息获取的成本效益问卷调查分析》，载《会计研究》，2003（5）。

［211］周忠惠：《会计研究方法论》，成都，西南财经大学出版社，1993。

［212］朱丹、屈腾龙：《影响会计信息披露的供给因素分析》，载《财经理论与实践》，2000（1）。

［213］朱海林：《会计准则制定：原则导向还是规则导向》，载《财务与会计》，2003（2）。

［214］庄丹：《中日企业会计准则比较》，载《财会月刊》，1996（2）。

［215］邹小芃、陈雪洁：《我国上市公司盈余管理研究的实证发现》，载《投资与证券》，2002（2）。

后　记

面对即将完成的这本书，回首走过的写作之路，桩桩往事，历历在目，千言万语谨以“欣慰、遗憾、感激”来表达。

欣慰的是，虽然经历不少艰辛、枯燥和困惑，但总算有了好的结局：著作已基本成形。

遗憾的是，学海无涯，能力有限，摆在大家面前的这本书，可能在深度、广度和准确度等方面与高水平的著作尚有一定的差距。

感激的是，从本书的选题到文献、资料的查找和整理，从理论观点、方法的完善到篇章布局的优化，从专家论证到交付出版等，都得到了各方面的指导、帮助、支持和鼓励。

本书是作者在武汉大学博士学位论文的基础上修改、提炼而形成的，其间得到导师王永海教授的悉心指导和帮助。在此，对王永海教授表示衷心的感谢！

本书的出版还得益于广东金融学院的鼎力资助和中国金融出版社的大力支持。在此，一并表示感谢！

王铁林

2009 年 8 月 1 日

广州　龙洞